THE NEW SIDDUR PROGRAM
FOR HEBREW AND HERITAGE

עִבְרִית חֲדָשָׁה
לְתוֹדָעַת תְּפִלָּה

READING
READINESS

CAROL LEVY

PROJECT EDITOR: PEARL G. TARNOR

BOOK DESIGN: ROBERT J. O'DELL

ILLUSTRATIONS: SANDRA SHAP

© Copyright 1991 by Behrman House, Inc.
235 Watchung Avenue, West Orange, New Jersey 07052
ISBN 0-87441-519-5
MANUFACTURED IN THE UNITED STATES OF AMERICA

בּ

בַּיִת

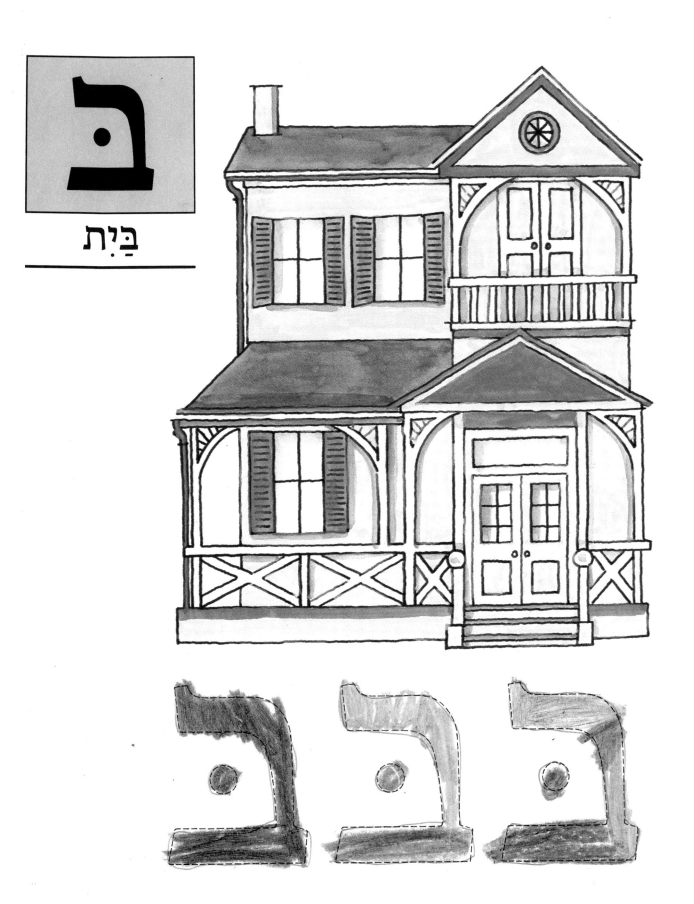

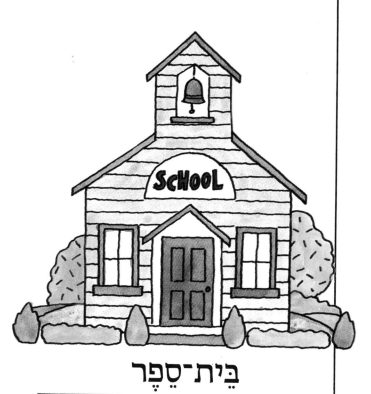

בֻּבָּה

בֵּית־סֵפֶר

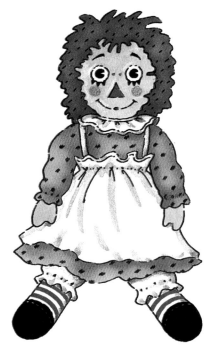

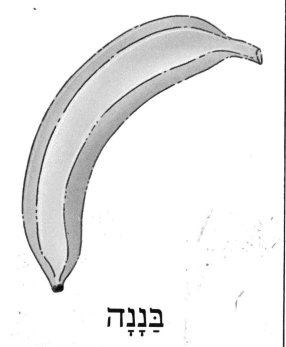

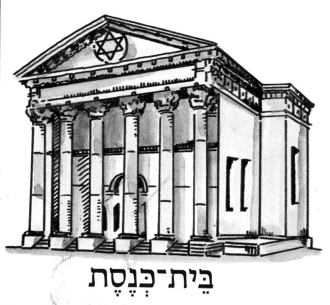

בֵּית־כְּנֶסֶת

בַּנָּנָה

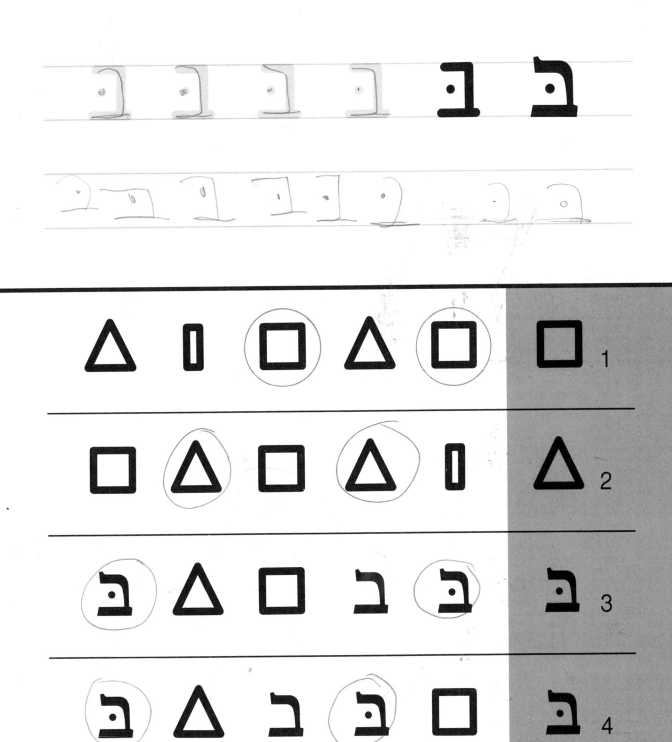

בּ
ב

1
2
בּ △ □ ב בּ
בּ 3
בּ △ ב בּ □
בּ 4

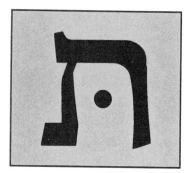

תּ

תּוֹרָה

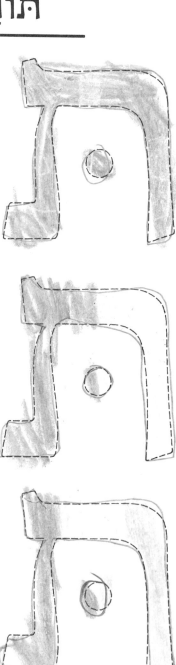

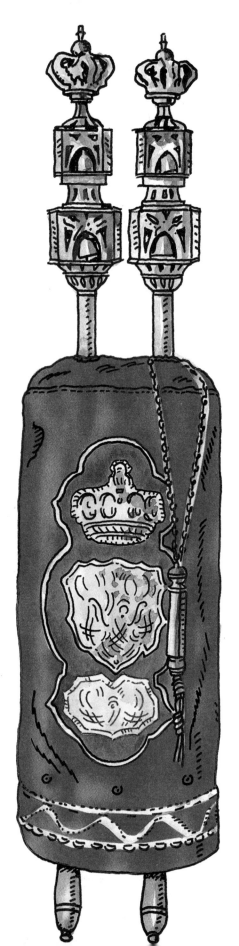

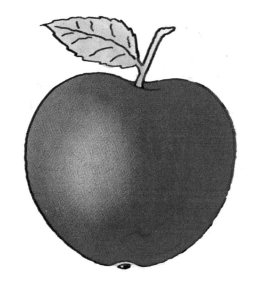

תַּלְמִיד

תַּפּוּחַ

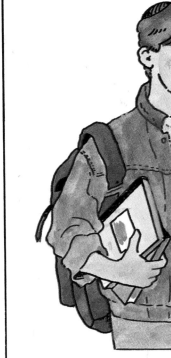

תִּינוֹק

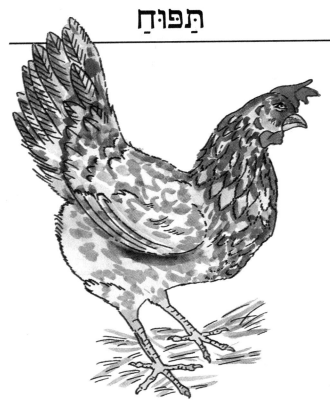

תַּרְנְגֹלֶת

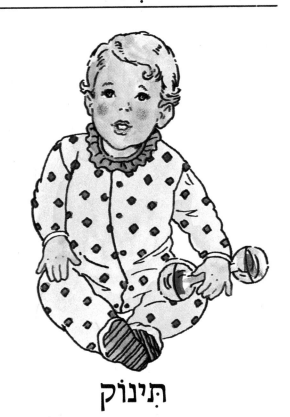

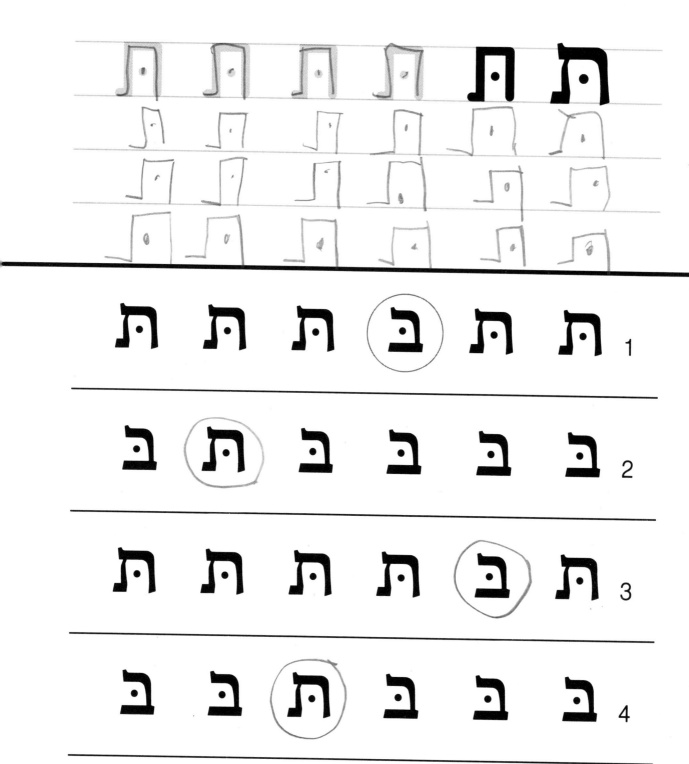

תּ תּ תּ תּ תּ תּ

1 תּ תּ בּ תּ תּ תּ

2 בּ בּ בּ בּ תּ בּ

3 תּ בּ תּ תּ תּ תּ

4 בּ בּ בּ תּ בּ בּ

שׁ

שׁוֹפָר

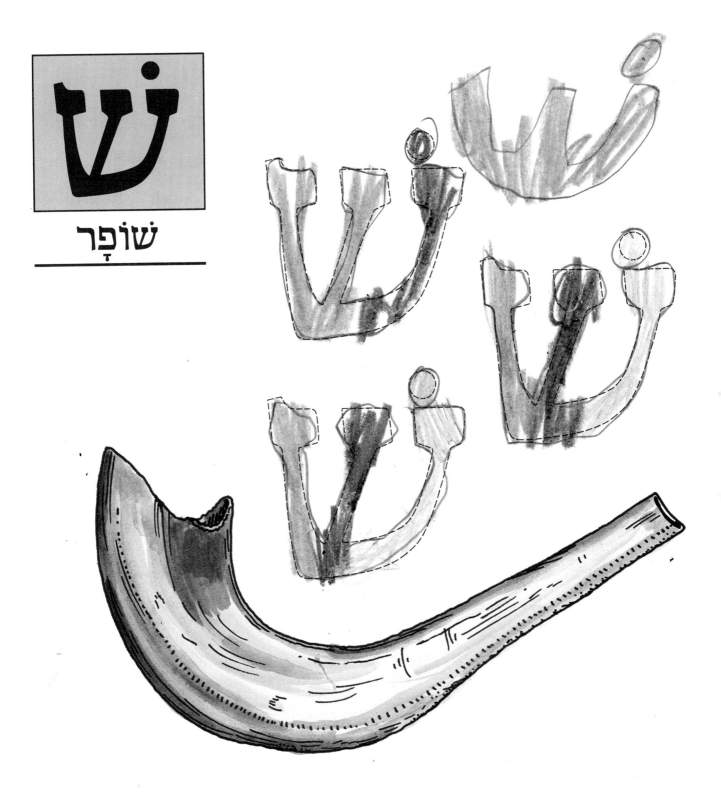

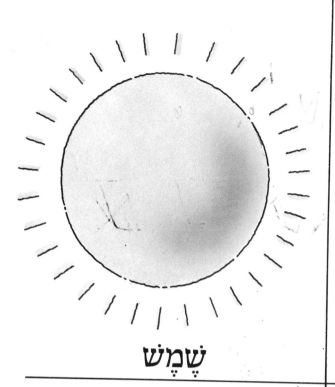

שֻׁלְחָן

שֶׁמֶשׁ

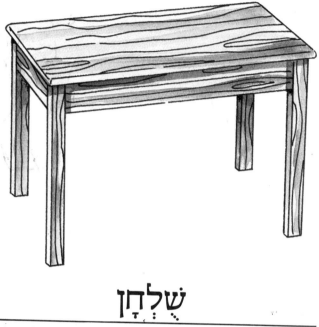

שָׁעוֹן

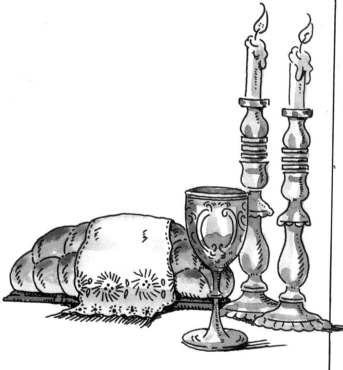

שַׁבָּת

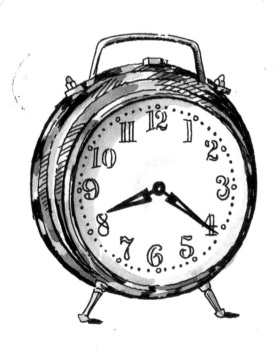

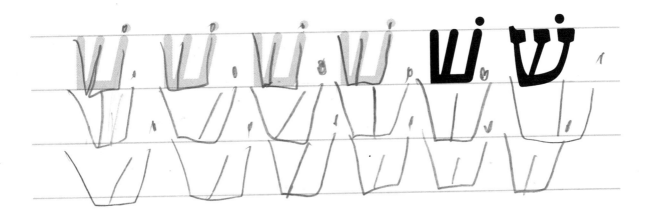

שׁ שׁ שׁ שׁ שׁ שׁ

1 בּ בּ בּ תּ בּ בּ

2 שׁ שׁ בּ שׁ שׁ שׁ

3 תּ בּ תּ תּ תּ תּ

4 שׁ שׁ שׁ שׁ תּ שׁ

בּ תּ תּ	בּ בּ שׁ
בּ בּ תּ	שׁ שׁ בּ
בּ שׁ שׁ	שׁ תּ תּ

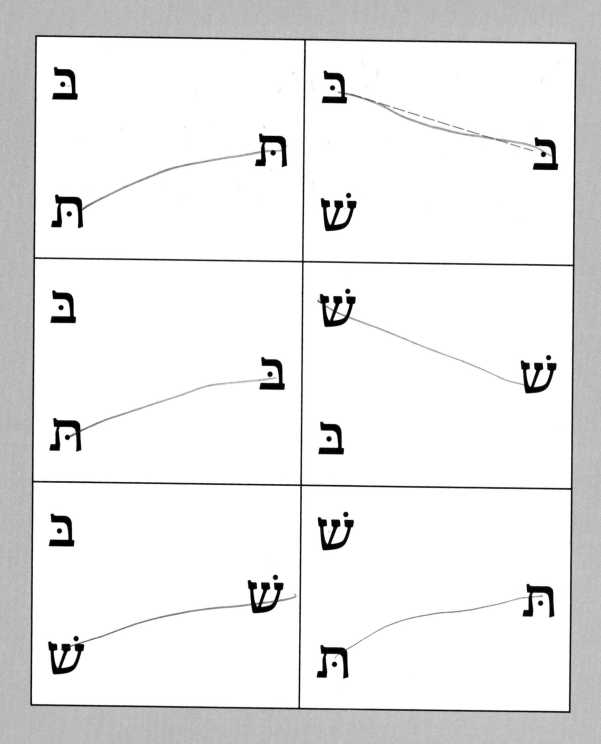

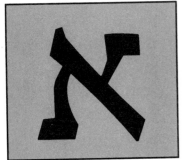

א

אֲרוֹן־קֹדֶשׁ

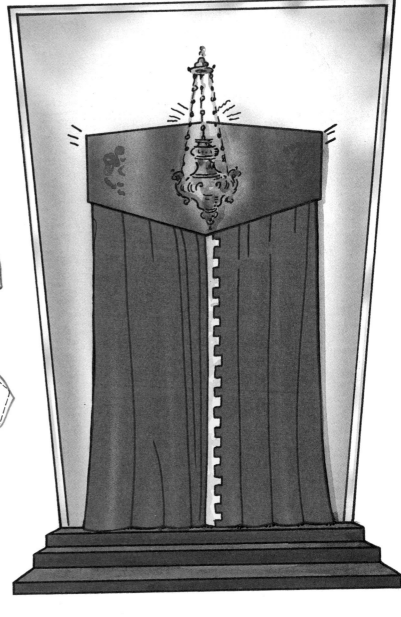

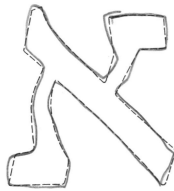

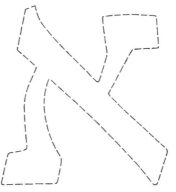

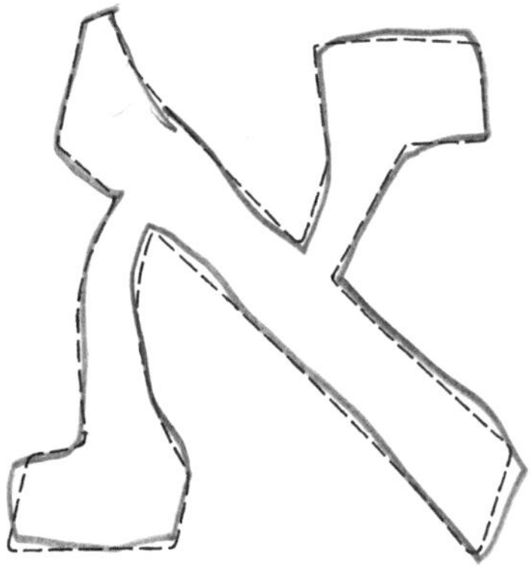

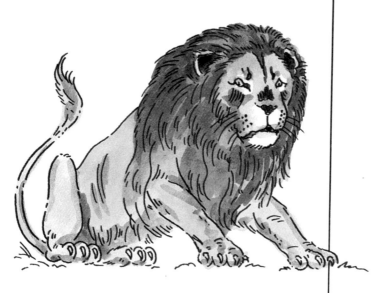

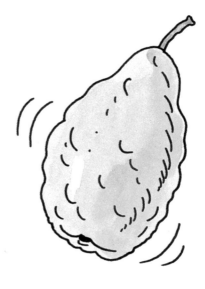

אֶתְרוֹג

אַרְיֵה

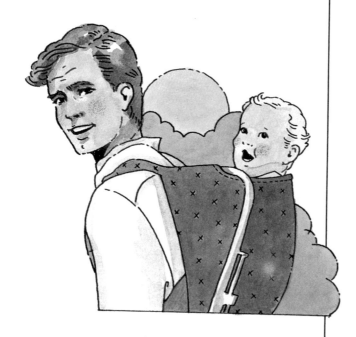

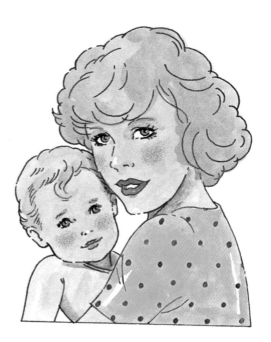

אִמָּא

אַבָּא

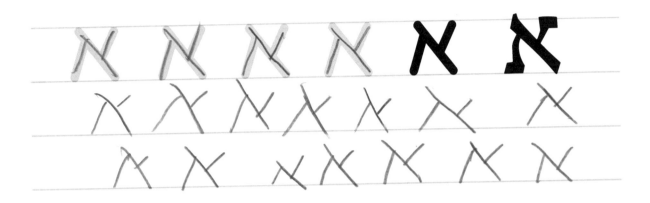

א א

1	בּ	שׁ בּ א תּ בּ
2	א	א תּ א בּ שׁ
3	שׁ	בּ שׁ תּ א שׁ
4	תּ	בּ א תּ שׁ תּ

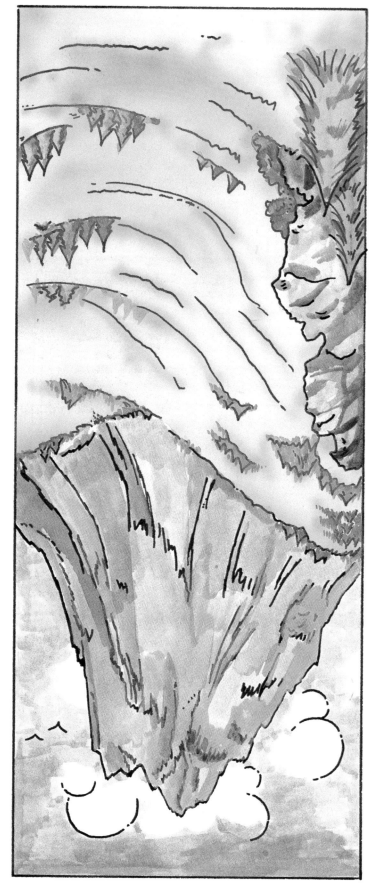

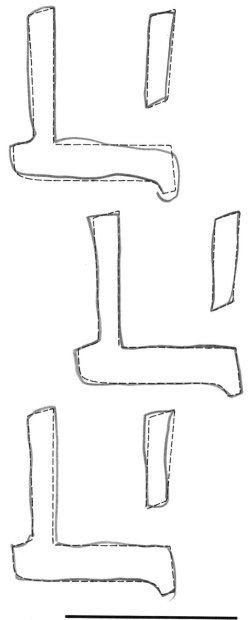

ה

הַר

ה

ה

ה

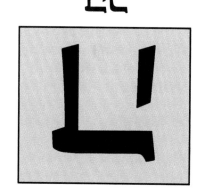

הַבְדָלָה

הַגָדָה

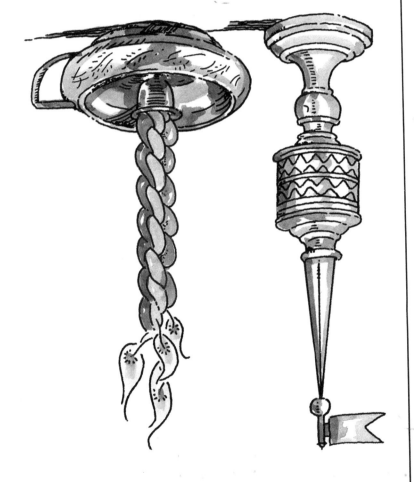

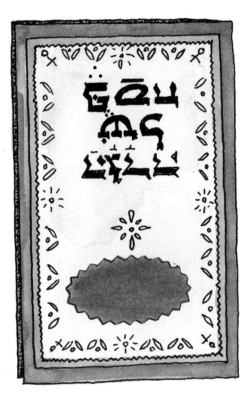

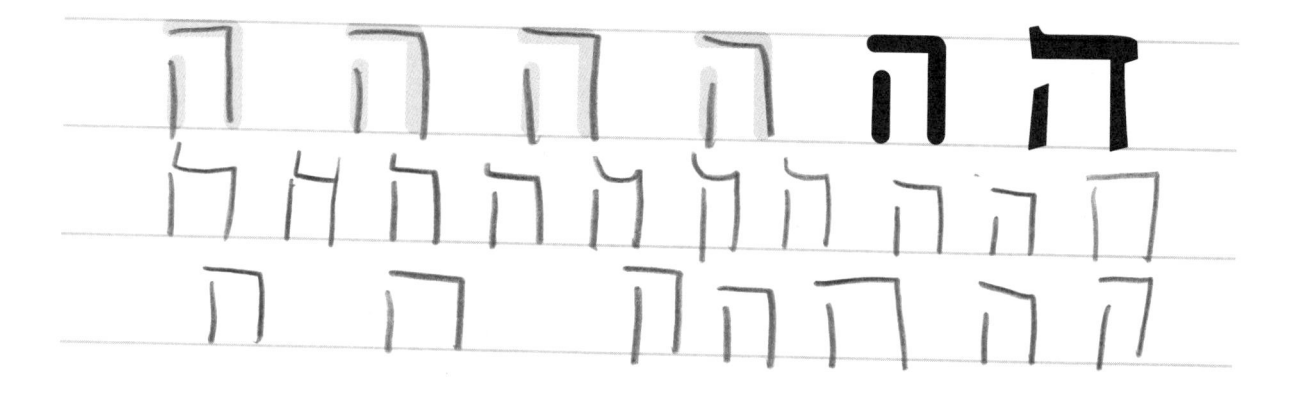

ה ה ה ה ה ה

1. שׁ שׁ שׁ תּ שׁ שׁ

2. ה ה א ה ה ה

3. בּ בּ בּ בּ תּ בּ

4. א א א א א ה

ו

וֶרֶד

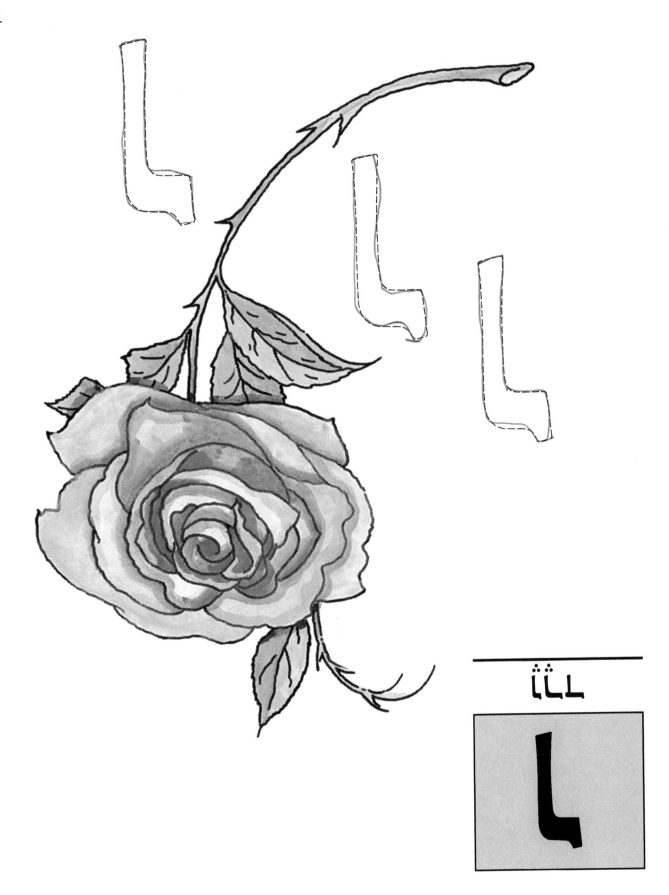

וָו

וִילוֹן

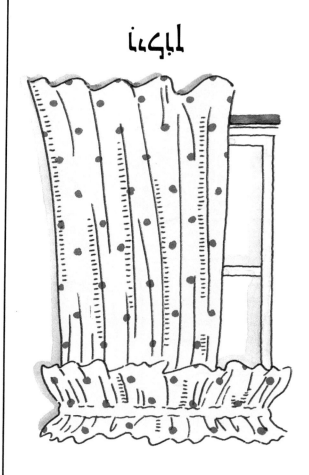

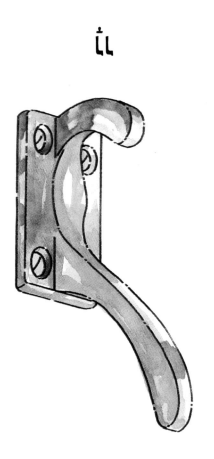

ו ו

1 ה | א הּ תּ ה ו

2 ו | ו בּ ו ה תּ

3 בּ | תּ בּ שׁ בּ א

4 שׁ | ה שׁ ו א שׁ

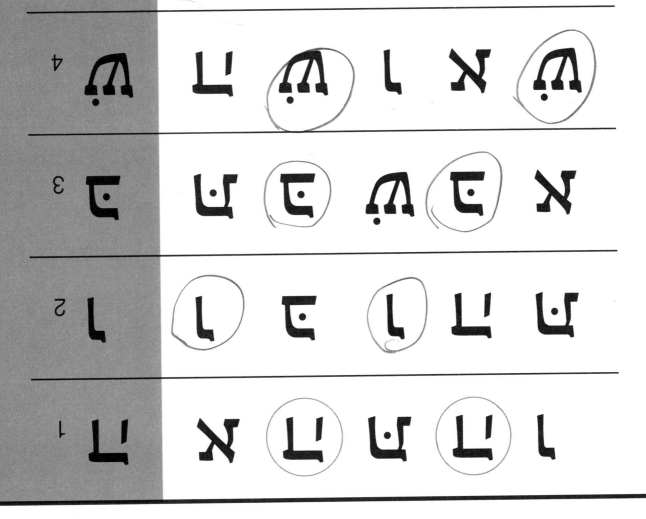

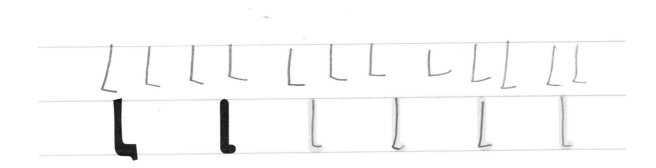

שׁ א א	בּ תּ תּ
ה ה א	ו ו ה
בּ בּ תּ	א שׁ שׁ

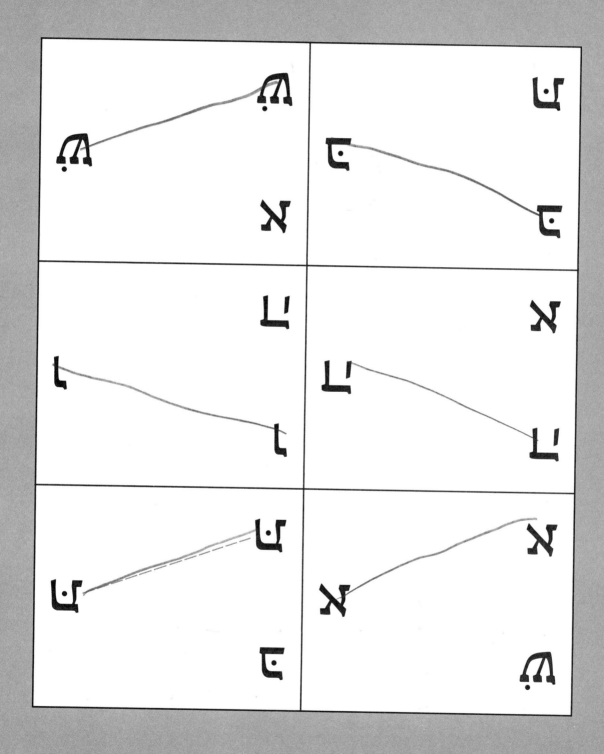

ד

דָג

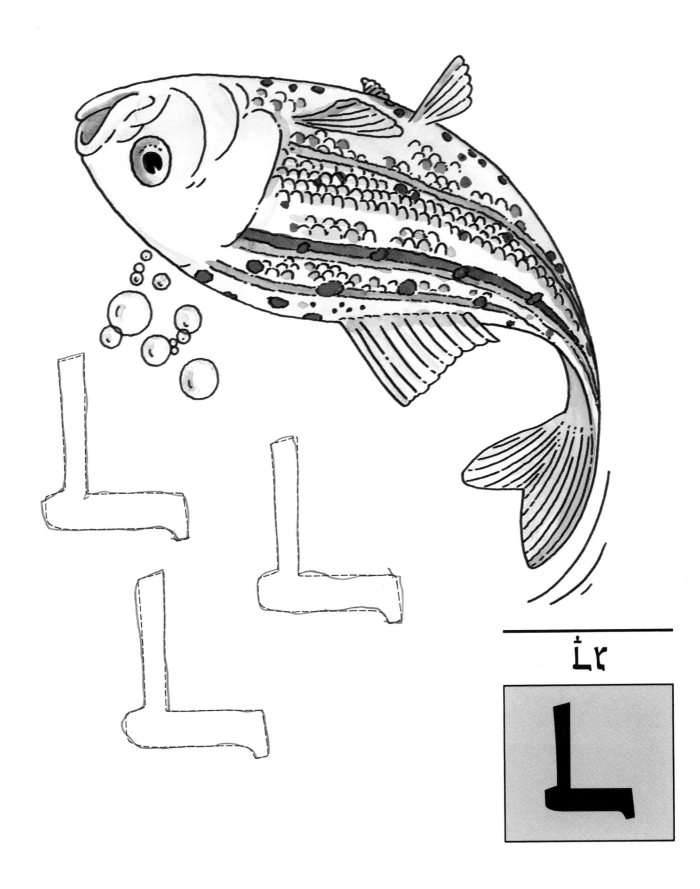

דֹּב

דֶּלֶת

דֶּגֶל

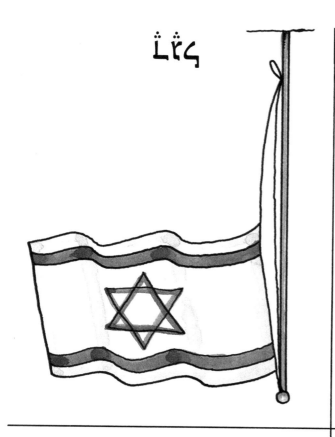

דְּבַשׁ

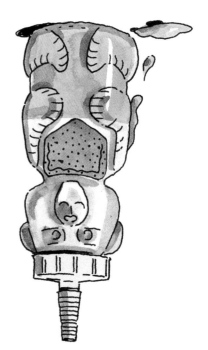

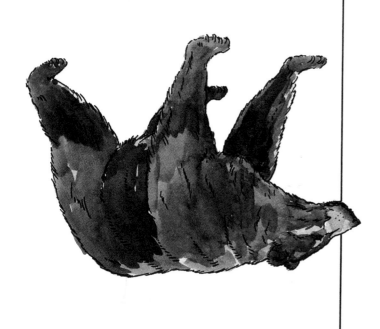

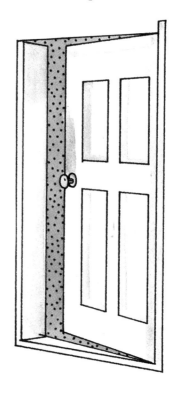

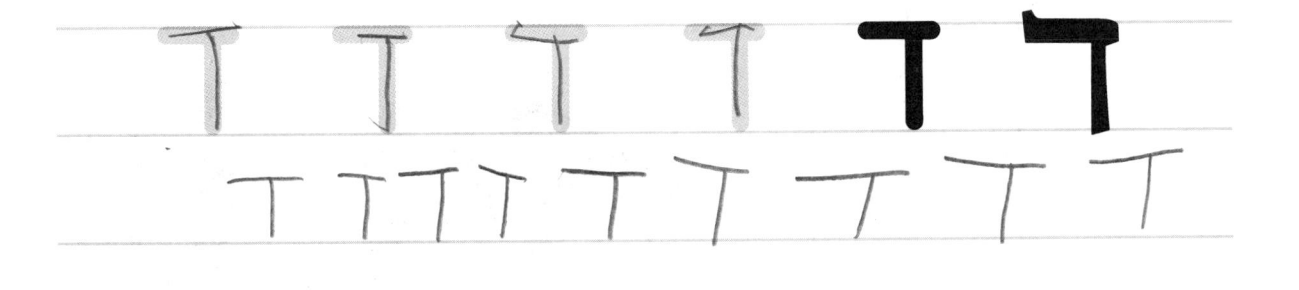

ד ד

1 ו ו ו ו ה ו

2 ד ו ד ד ד ד

3 בּ בּ תּ בּ בּ בּ

4 א א א שׁ א א

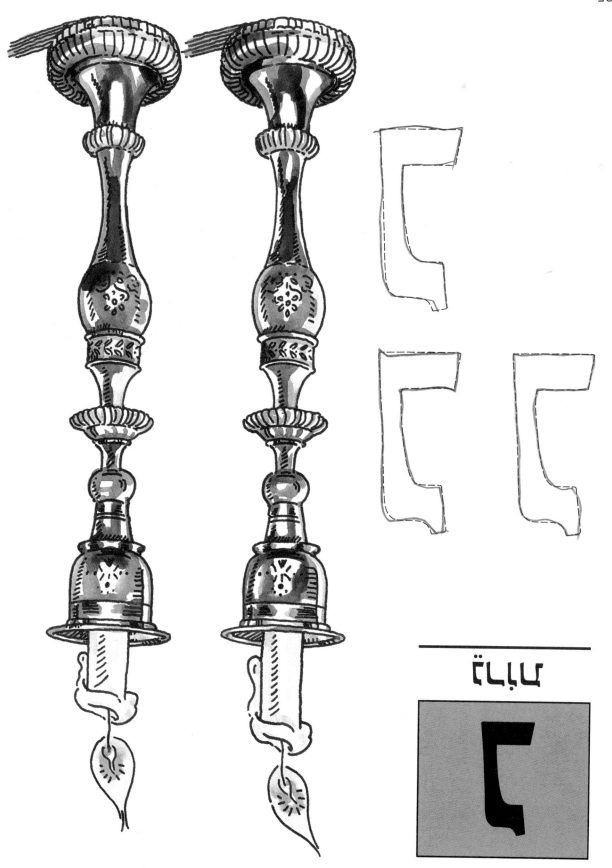

נ

נֵרוֹת

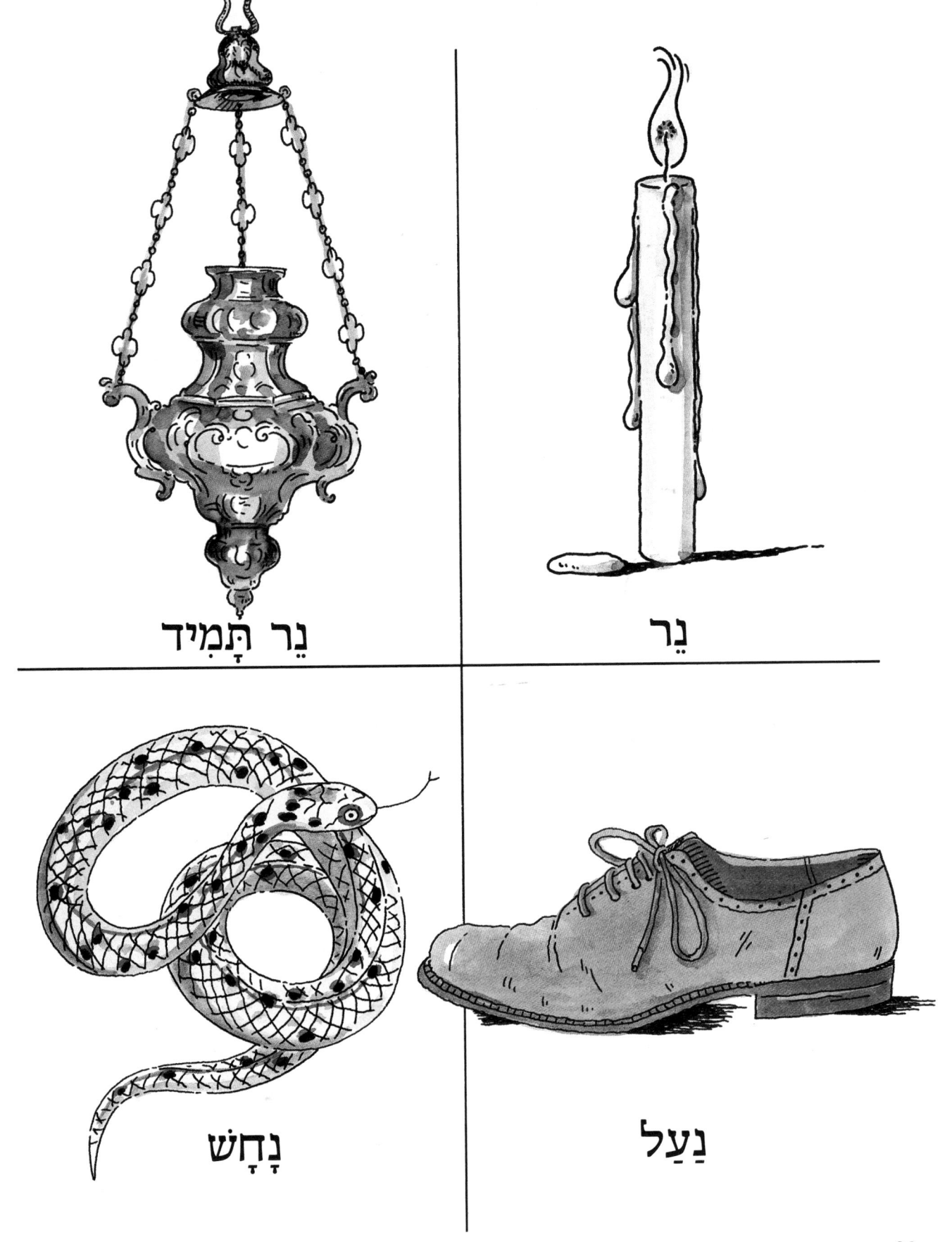

נֵר

נֵר תָּמִיד

נַעַל

נָחָשׁ

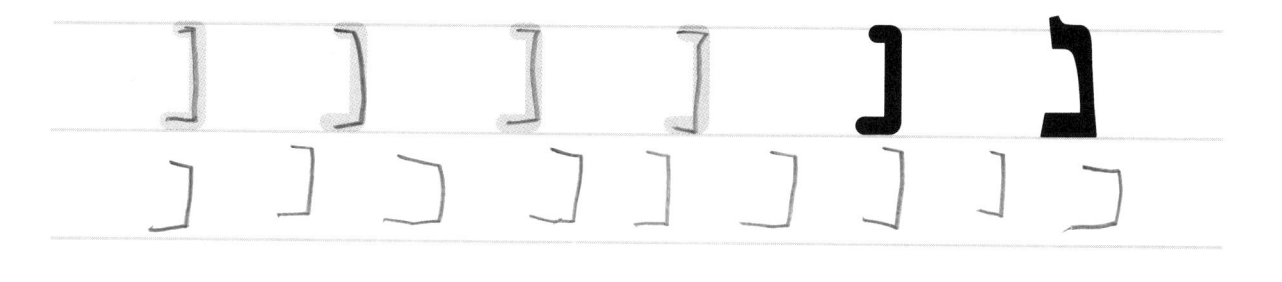

נ נ

1	ו	ו	נ	ד	ו	א
2	נ	נ	ו	נ	ד	ה
3	ד	ו	ד	נ	שׁ	ד
4	ה	נ	ה	בּ	ה	תּ

1 ד ו נ ה ו שׁ

2 ו נ ד נ תּ בּ

3 שׁ ד ה ו ד נ

4 נ ו ה ד א ה

5 בּ תּ שׁ נ בּ ה

6 ה שׁ בּ ד תּ שׁ

7 ו א ה נ א בּ

ח

חַלָּה

ח ח ח

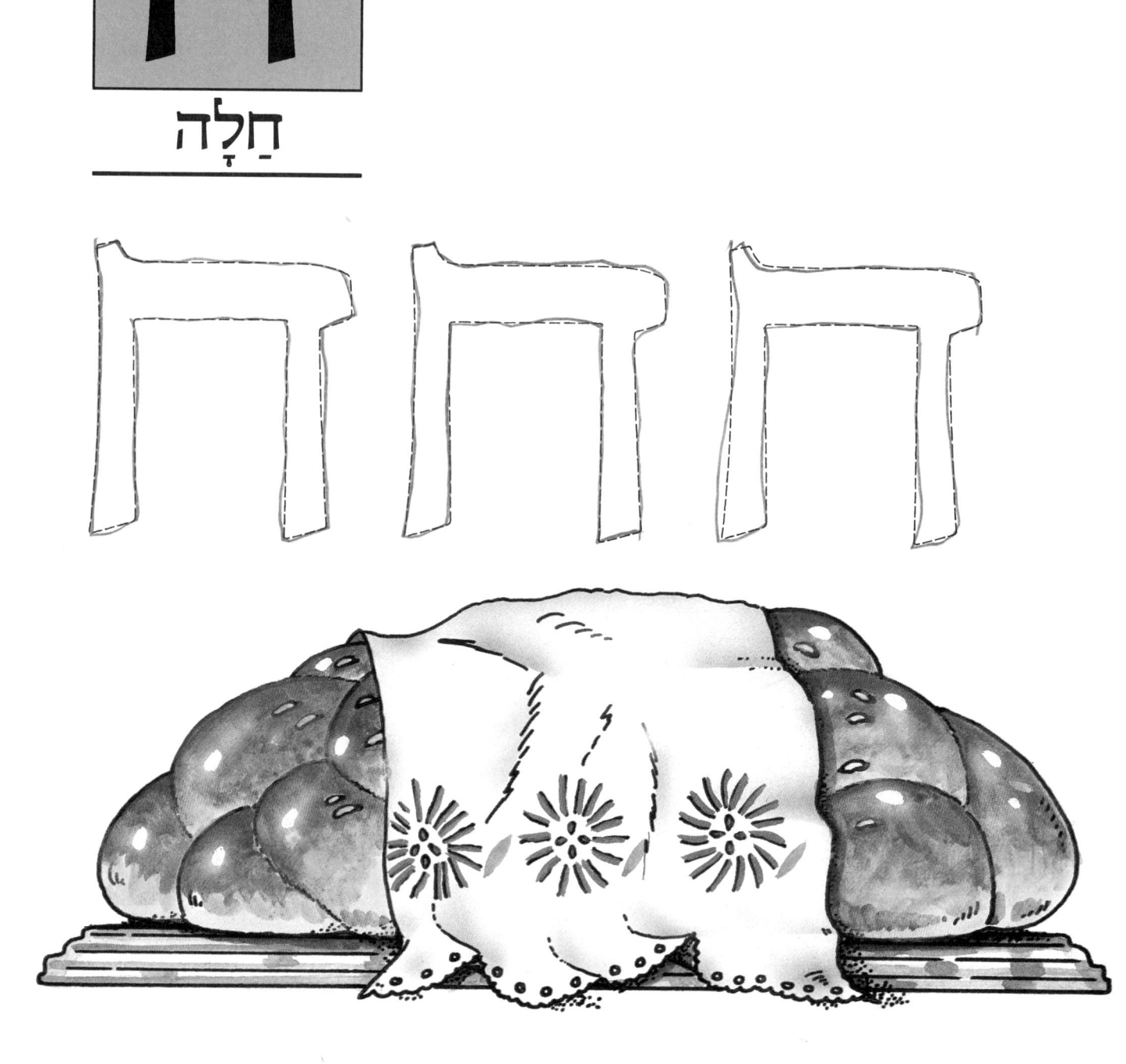

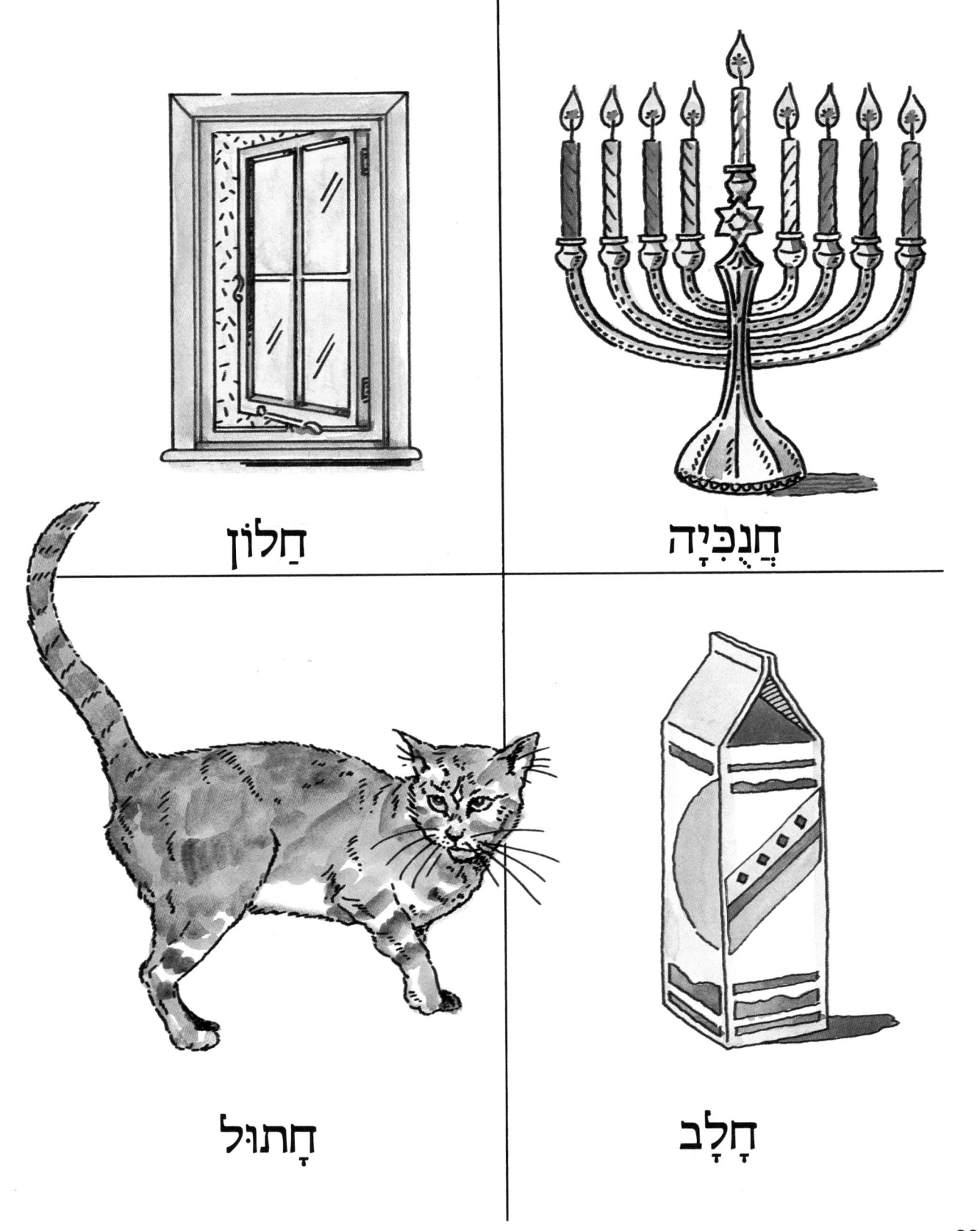

חֲנֻכִּיָּה

חַלּוֹן

חָלָב

חָתוּל

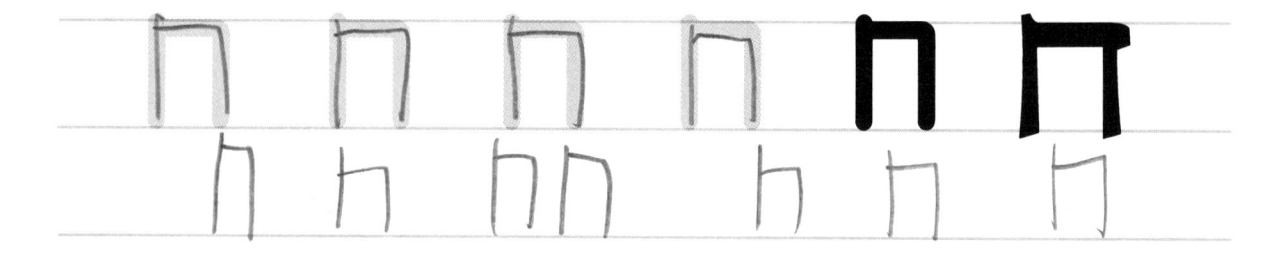

ח ח

1 שׁ שׁ שׁ תּ שׁ שׁ

2 ח ה ח ח ח ח

3 ו ו נ ו ו ו

4 ד ד ד ד ח ד

1 ח נ ו נ ד שׁ

2 א ח ה שׁ ח בּ

3 בּ שׁ תּ בּ א ד

4 נ ה ו ח ה ד

5 תּ א א ו בּ שׁ

6 ו ד נ שׁ ו בּ

7 תּ נ ד ו ד ה

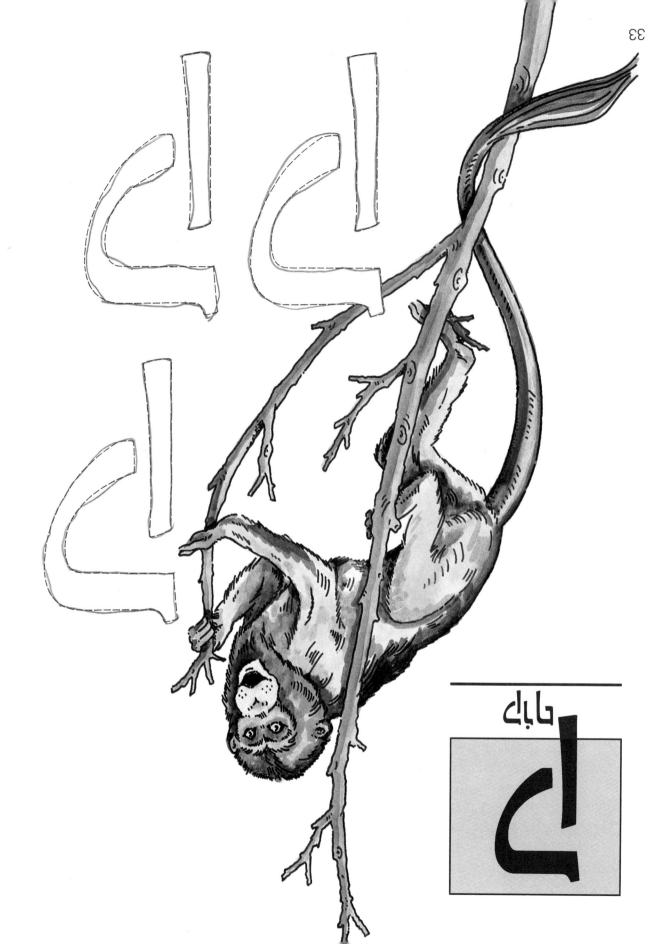

ק

קוף

קֶשֶׁת

קֻבִּיָּה

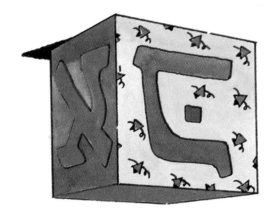

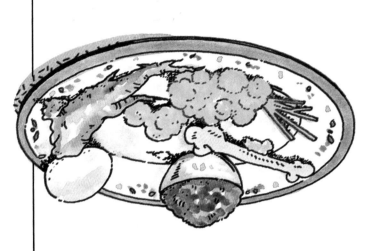

קְעָרָה

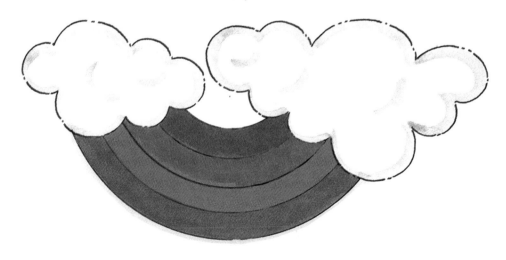

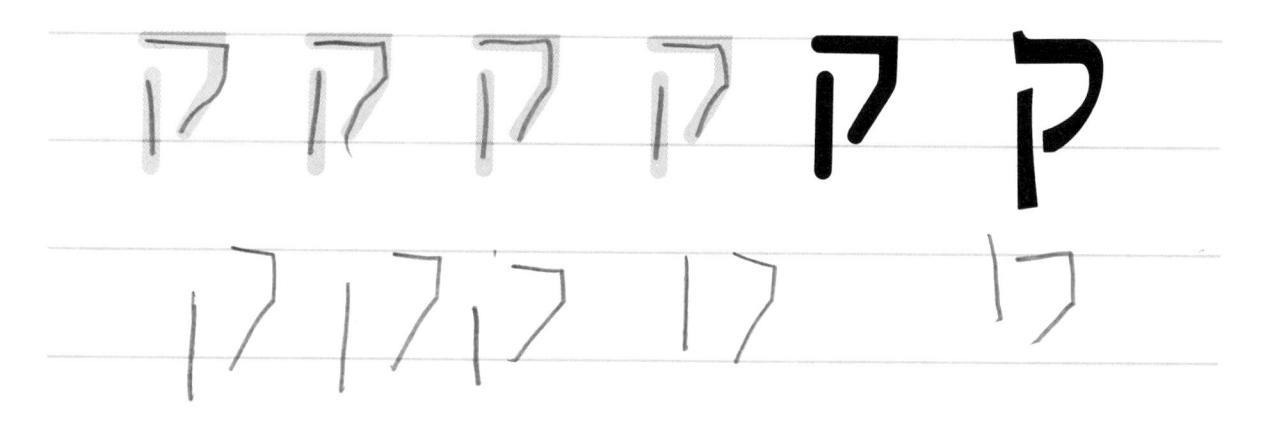

ק ק ק ק ק ק

1 ח ד ח ה ח ק

2 ק שׁ תּ ק בּ ק

3 נ נ ו נ ד תּ

4 ה ח ה ד ק ה

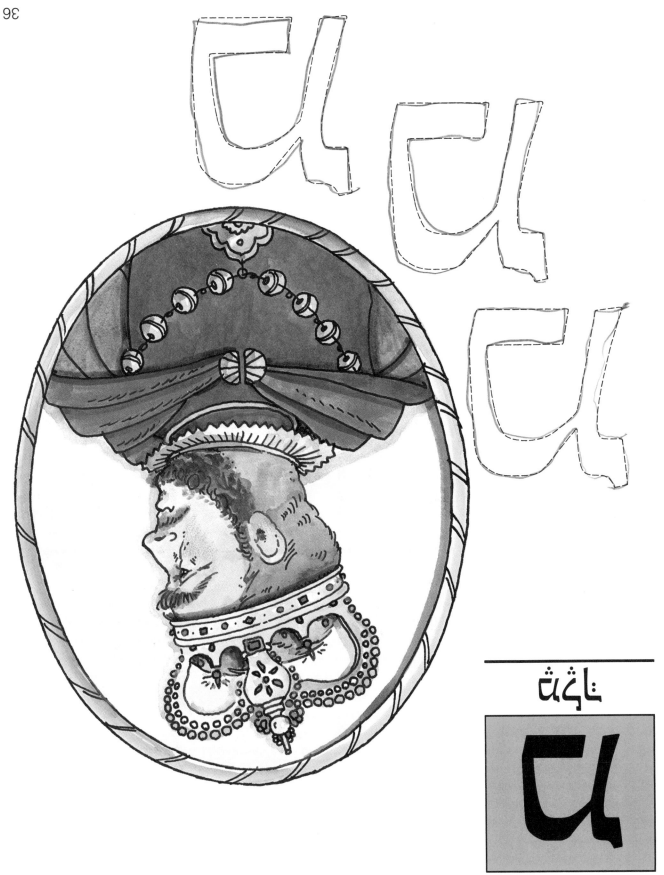

מ

מֶלֶךְ

מ

מ

מ

מְגִילָה

מְזוּזָה

מַתָּנָה

מַצָּה

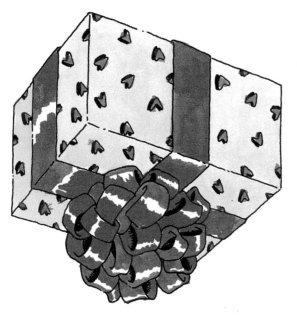

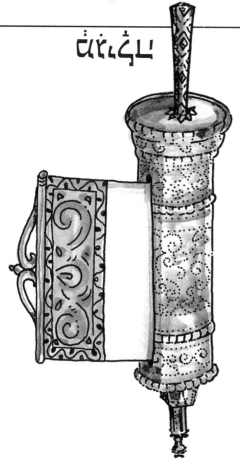

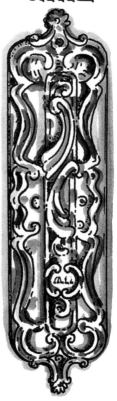

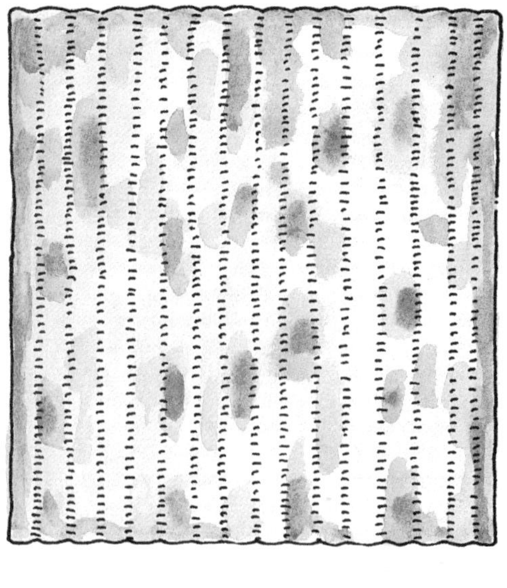

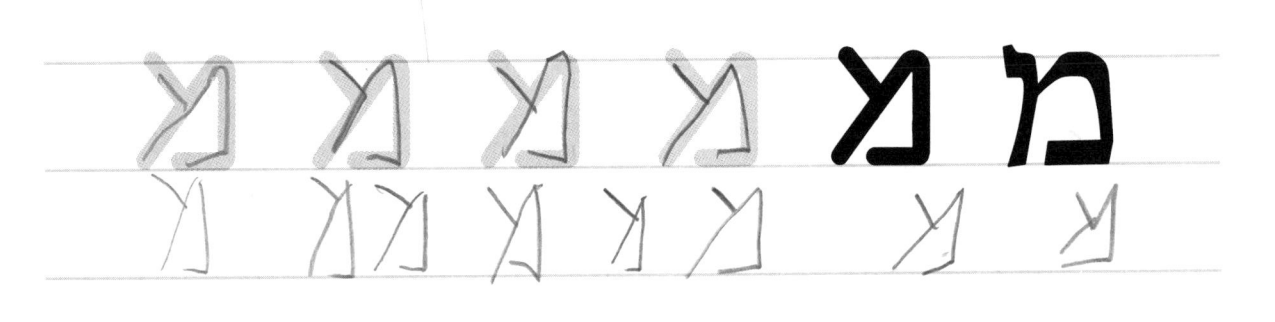

מ מ

1 נ נ ו נ נ נ

2 מ מ מ מ א מ

3 תּ בּ תּ תּ תּ תּ

4 ק ק ק ק ח ק

ח ק ה ה	מ א תּ מ
ק ד ו ד	שׁ ה ח ח
נ ו מ נ	ד ק בּ ק

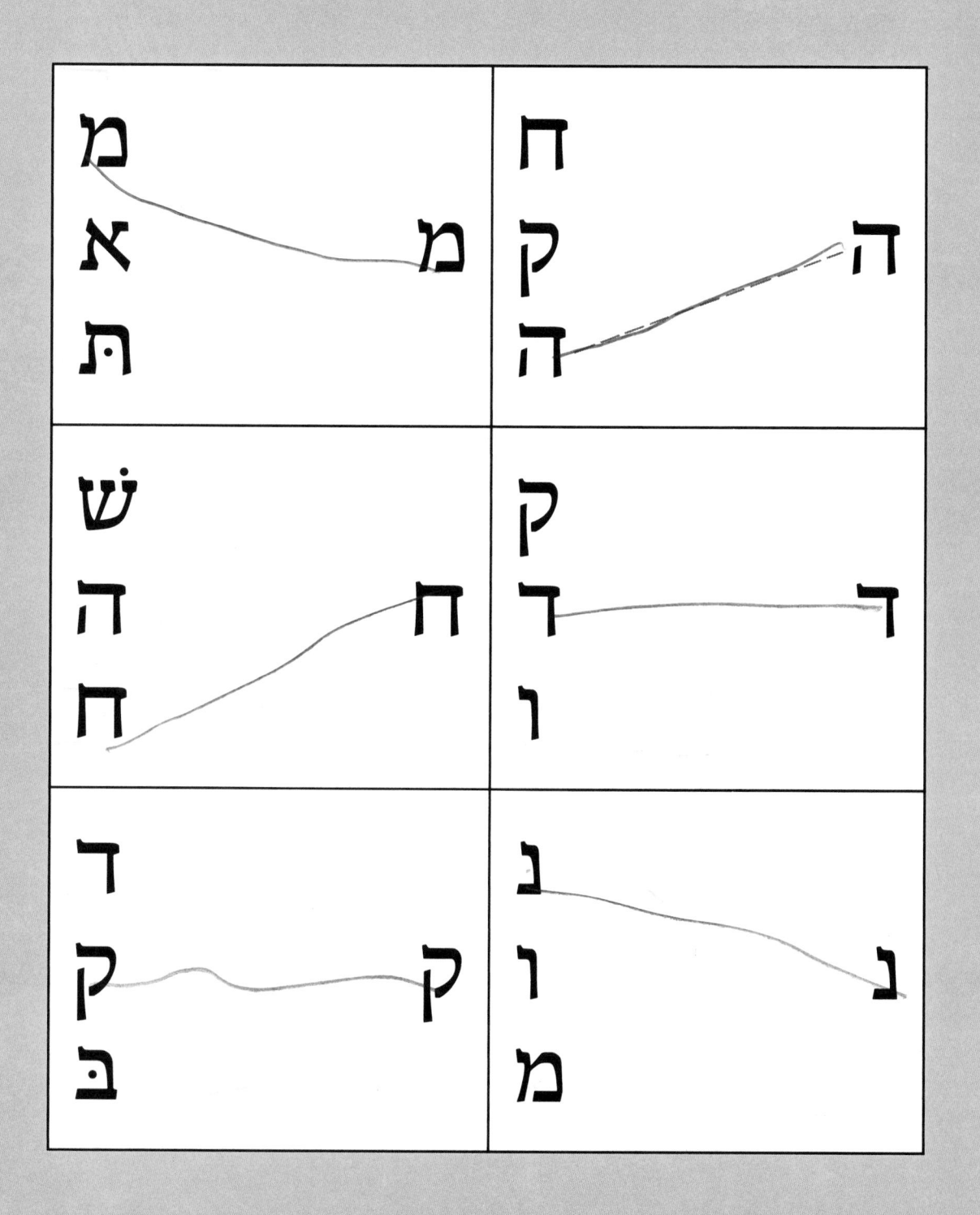

ל

לוּלָב

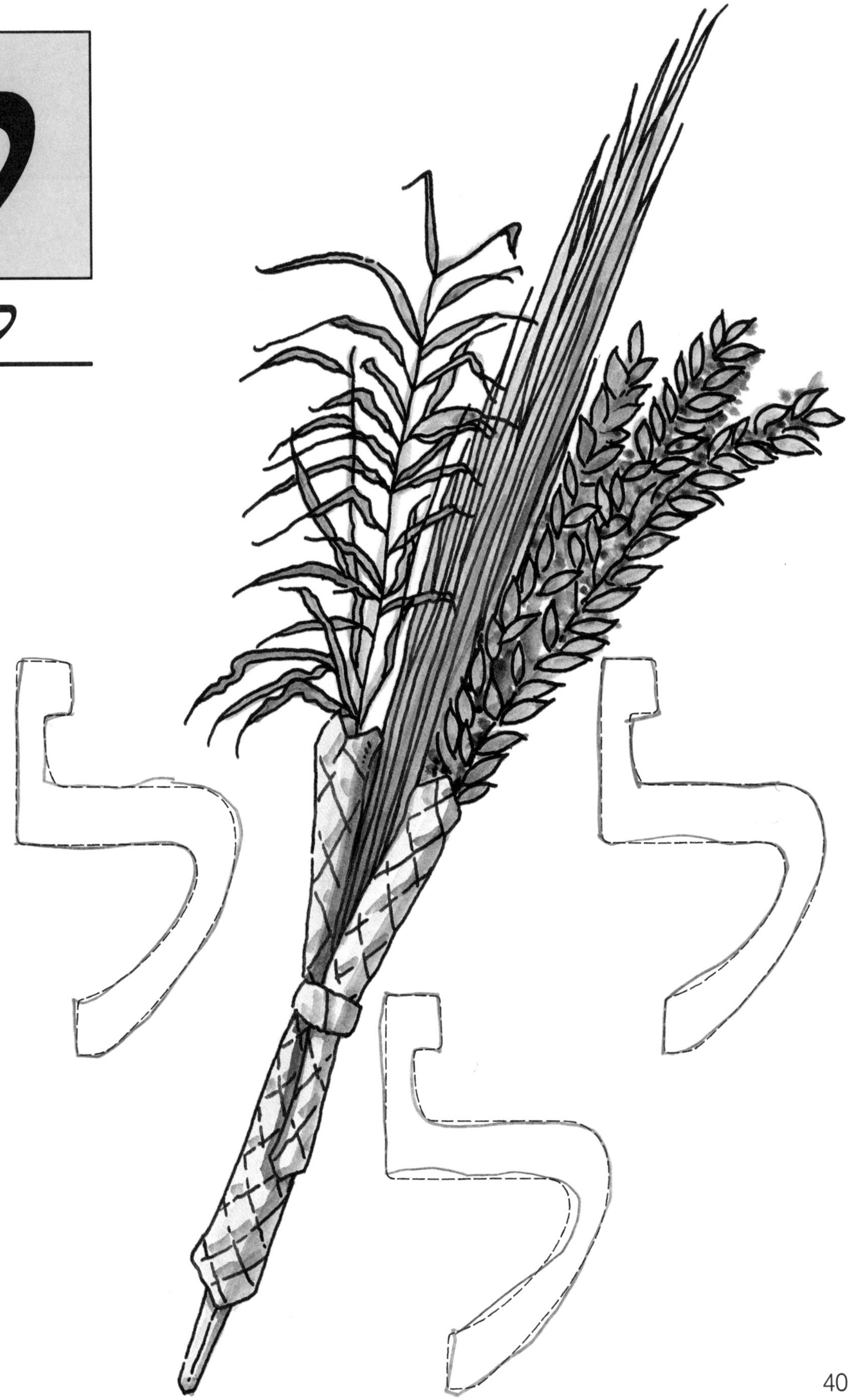

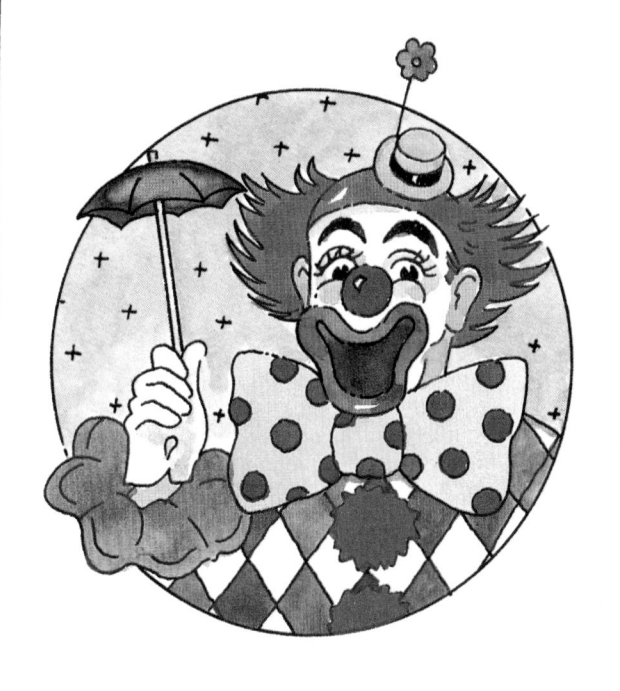

לֵיצָן

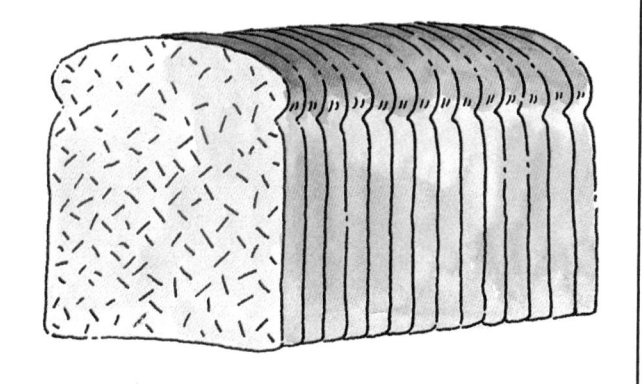

לֶחֶם

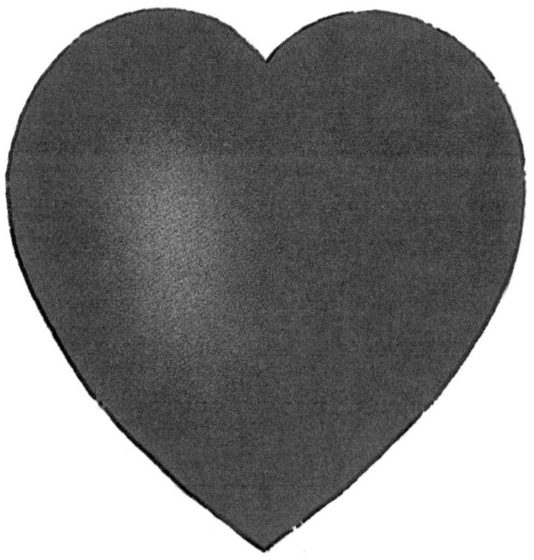

לֵב

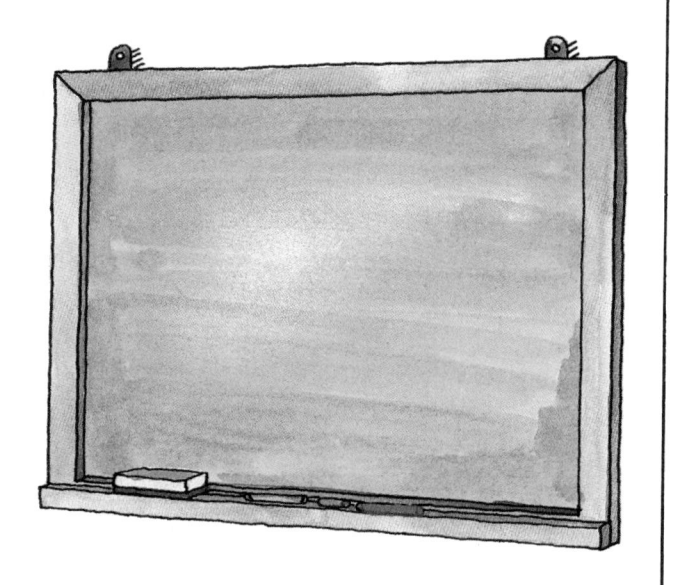

לוּחַ

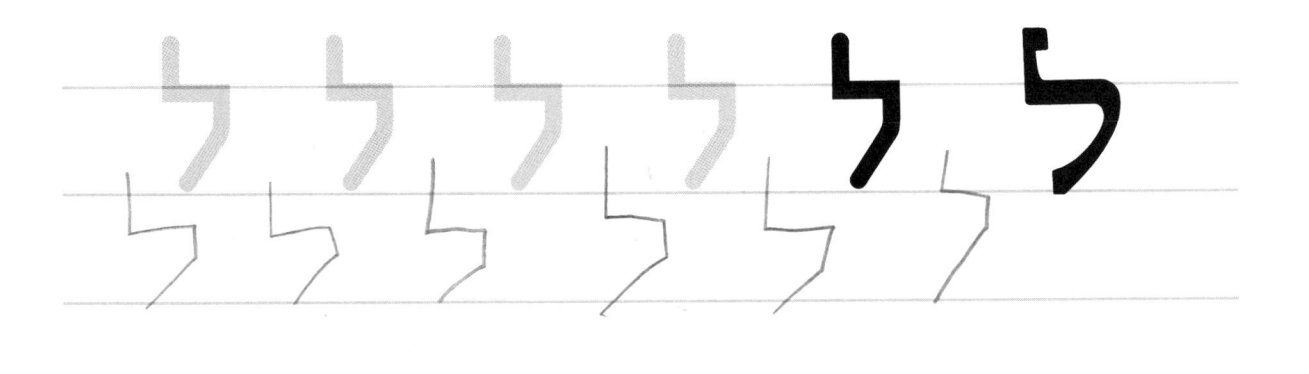

ל ל ל ל ל ל

1	מ	מ א מ ק ל
2	ל	ש ל ה ל ו
3	ד	ל ו ד נ ד
4	תּ	בּ תּ ה ח תּ

1 ק ה א ק בּ שׁ

2 תּ ל ו ל מ ק

3 ח ד ה ח תּ נ

4 ו ד ל א נ ד

5 תּ שׁ בּ ה ל תּ

6 ד ק מ א מ נ

7 נ ו ד ק ו ח

ע

עֵץ

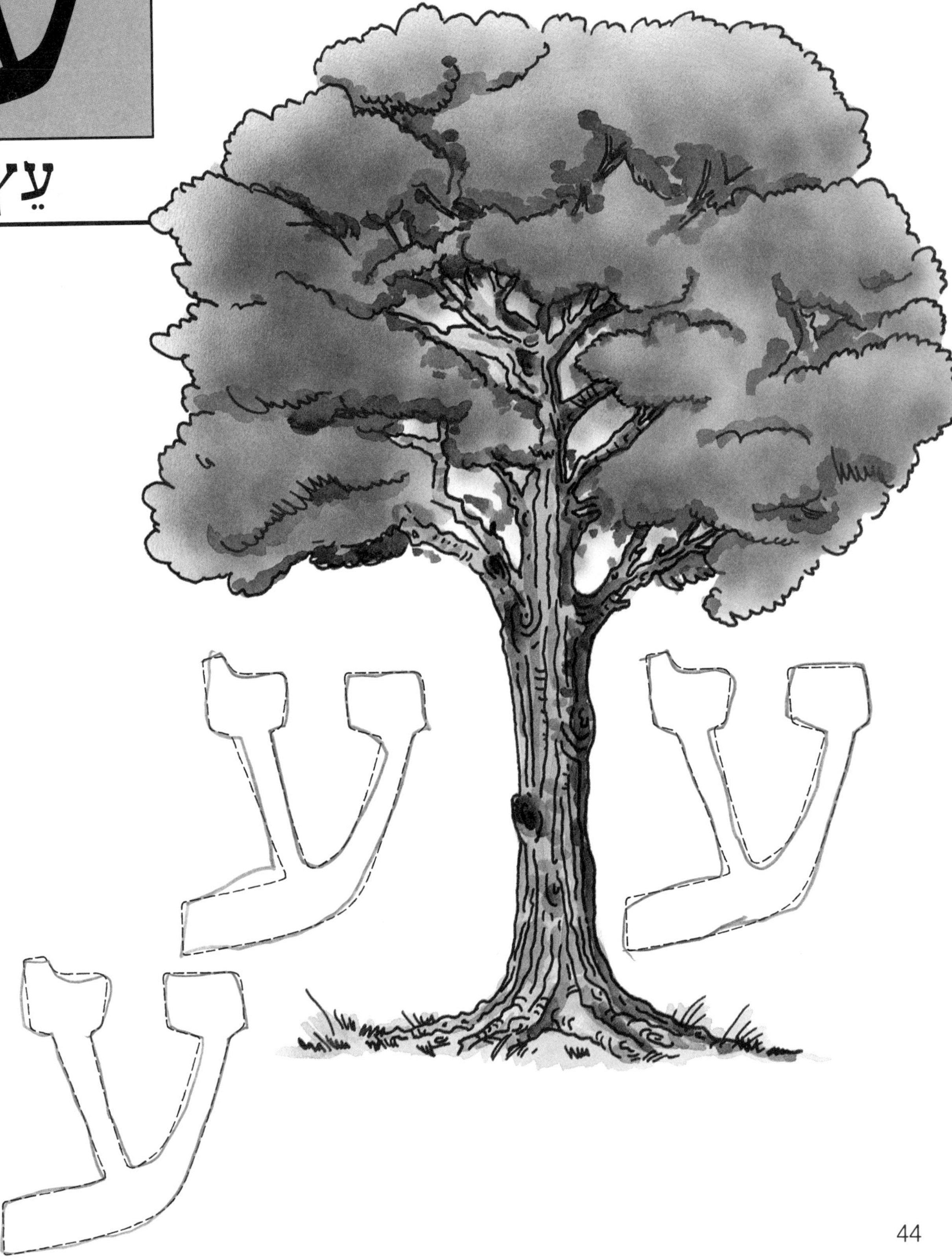

44

עַיִן

עוּגָה

עֲנָבִים

עִפָּרוֹן

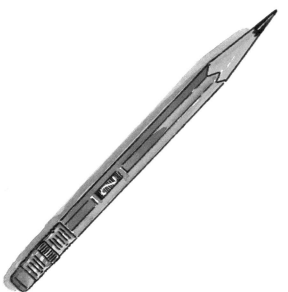

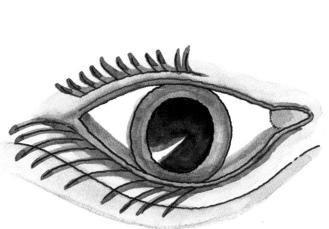

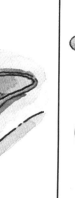

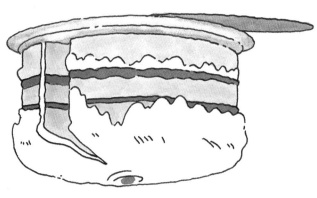

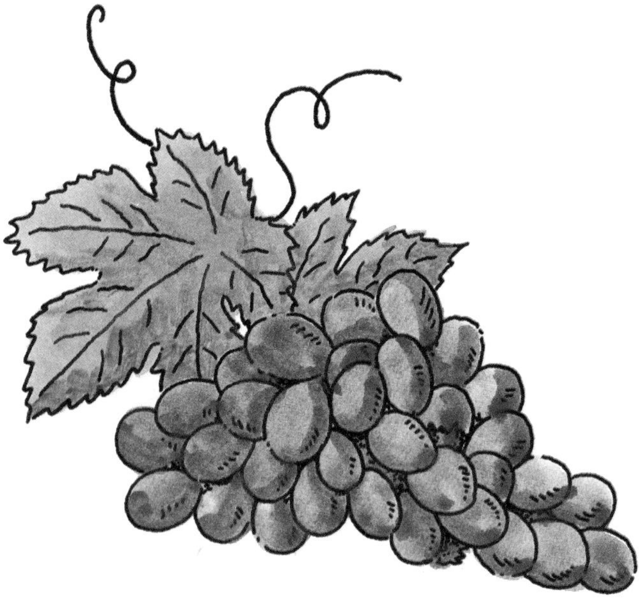

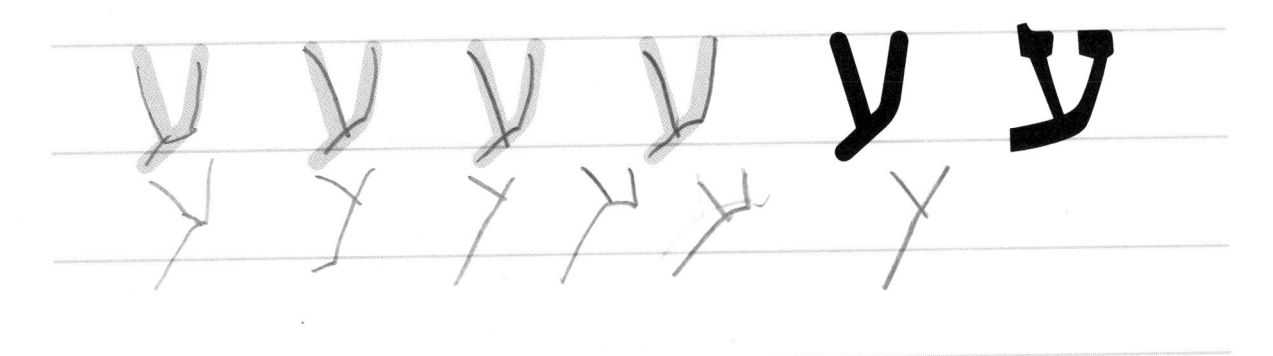

1 ד ד ד ו ד ד

2 ע ע מ ע ע ע

3 ה ה ח ה ה ה

4 ל ל ל ל א ל

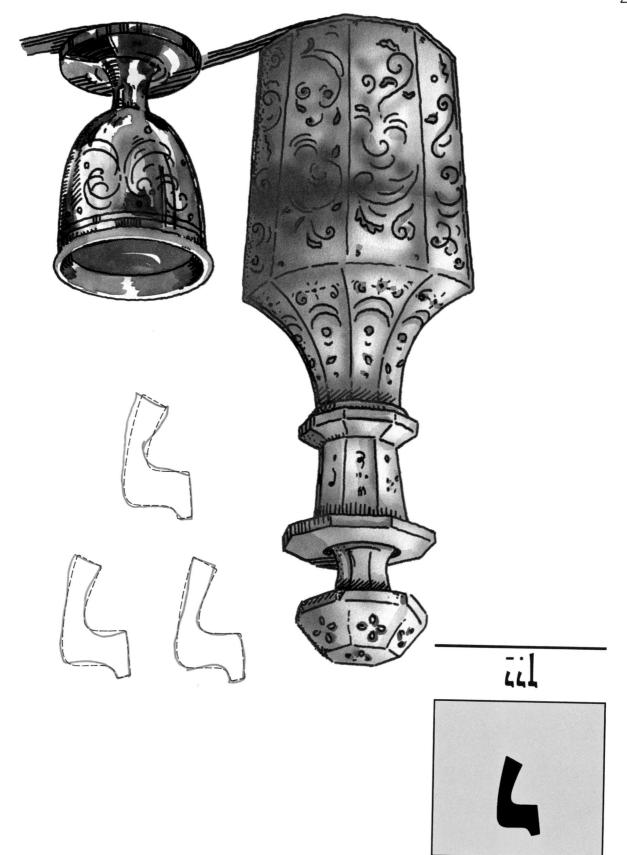

ר

יַיִן

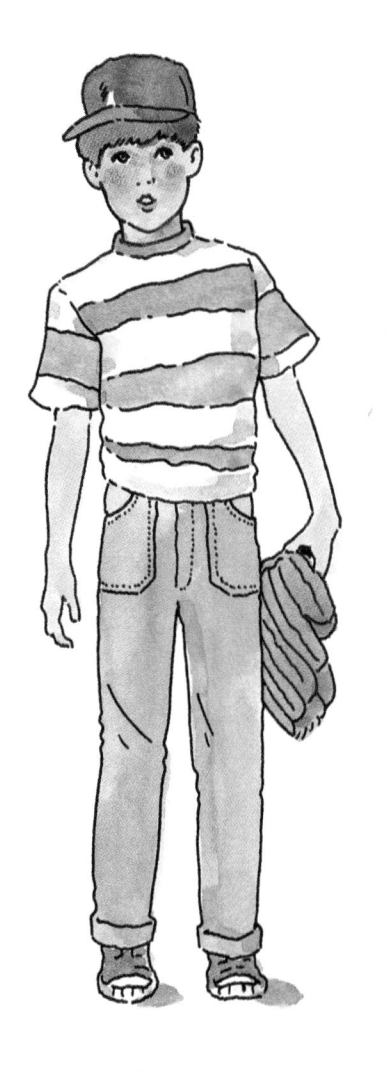

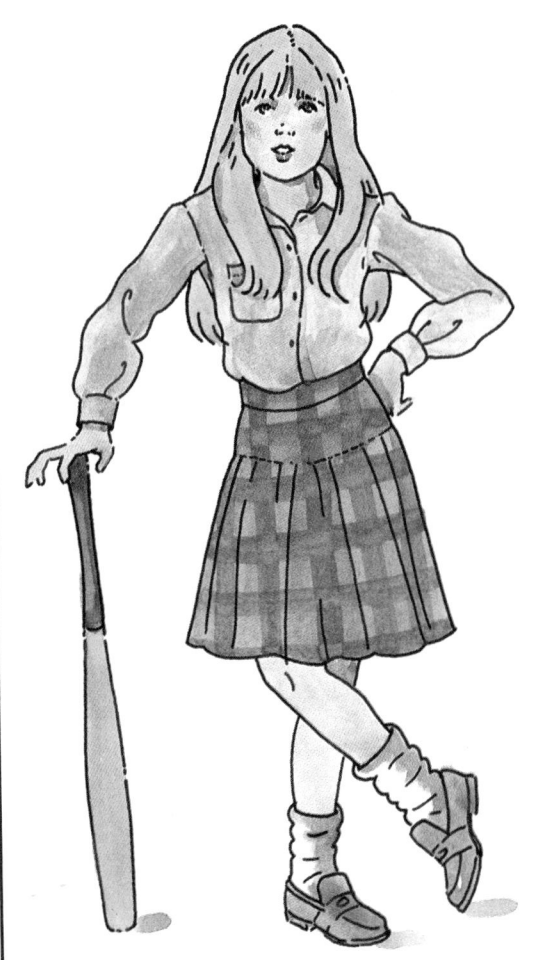

יַלְדָּה

יֶלֶד

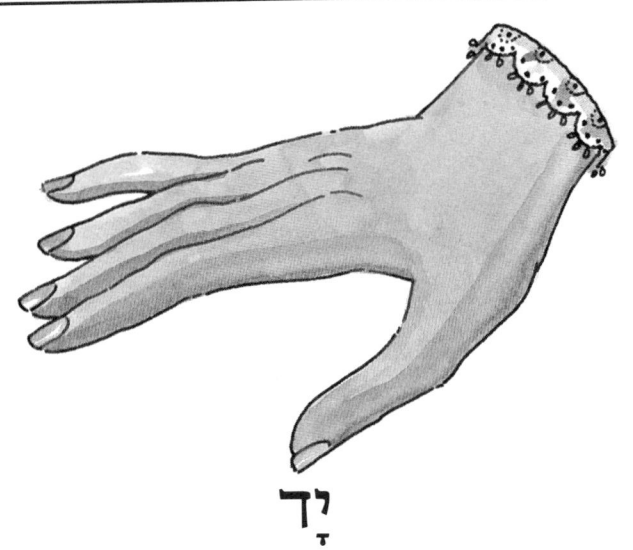

יָד

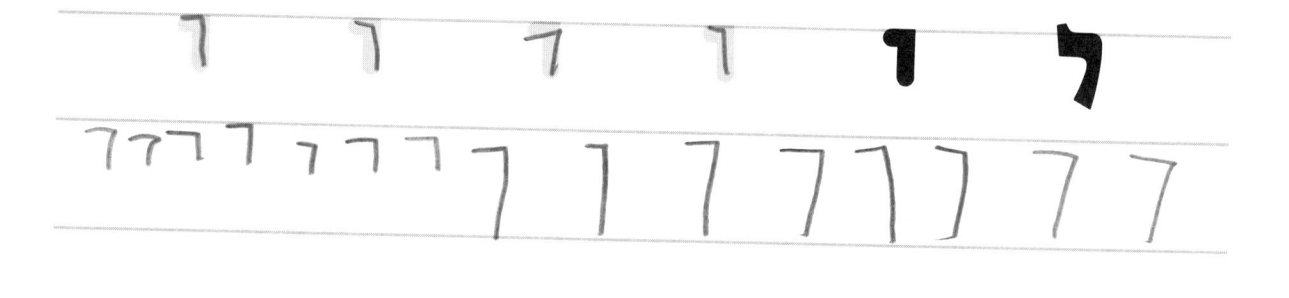

ן ן ן ן ן ן

1 ח ק ה שׁ ק ד

2 ן ו נ י ד ל

3 ע מ א בּ ע תּ

4 מ ע י ל א מ

#	Target					
1	נ	ו	(ן)	י	(נ)	ק
2	ע	ל	מ	(ע)	א	(ע)
3	י	(י)	ו	ד	י	ן
4	ה	ק	(ה)	ח	ת	ה (ה)
5	א	ע	(א)	מ	(א)	ב
6	ל	ו	(ל)	ד	ל	י
7	שׁ	(שׁ)	ת	ב	ח	(שׁ)

50

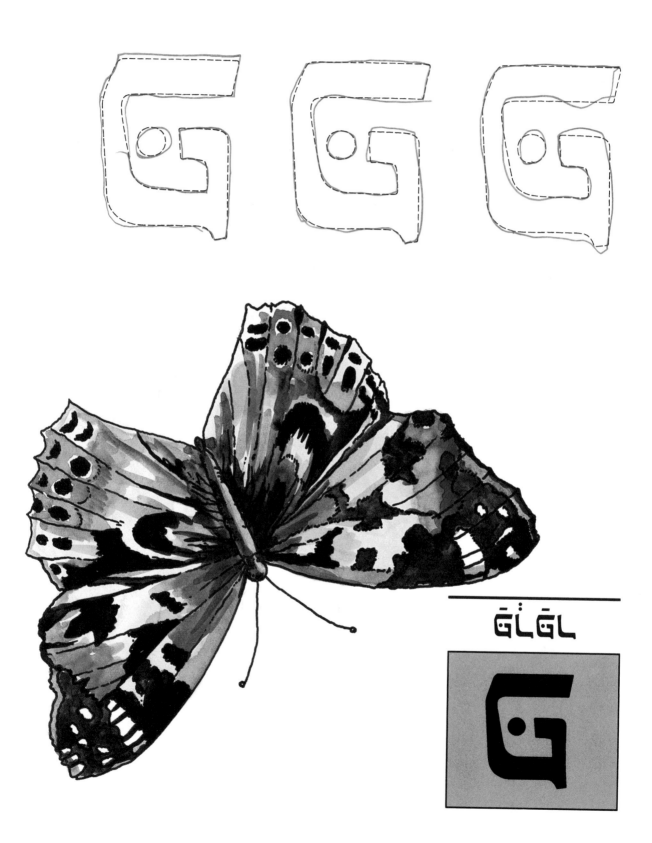

פּ

פַּרְפַּר

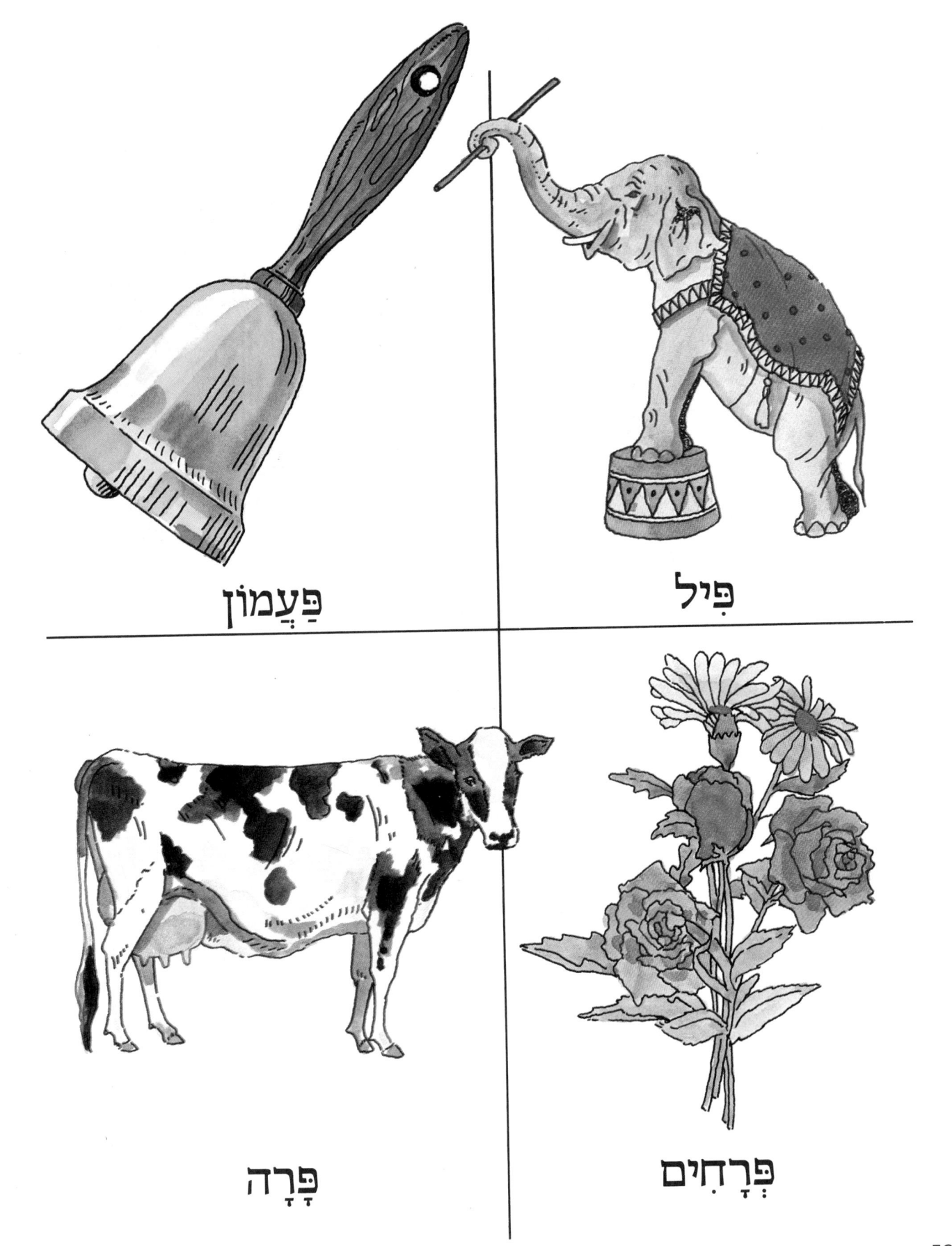

פִּיל

פַּעֲמוֹן

פְּרָחִים

פָּרָה

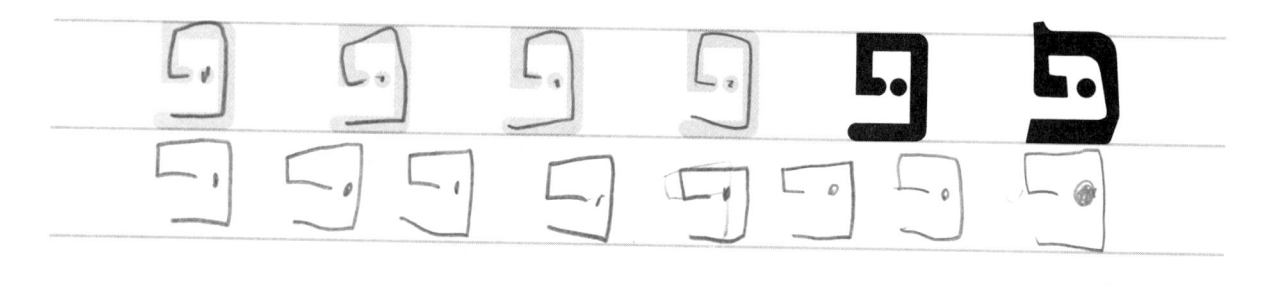

פּ פּ

1 י ע א מ א ל

2 תּ פּ בּ פּ שׁ ד

3 ח ה ח ק ע י

4 בּ ו פּ י ד ו

1 י י ו י י י

2 פּ פּ פּ בּ פּ פּ

3 ח ה ה ה ה ה

4 ד ד ד ד נ ד

5 מ מ מ א מ מ

6 ק ק ק ק ע ק

7 שׁ שׁ שׁ תּ שׁ שׁ

ר

רַכֶּבֶת

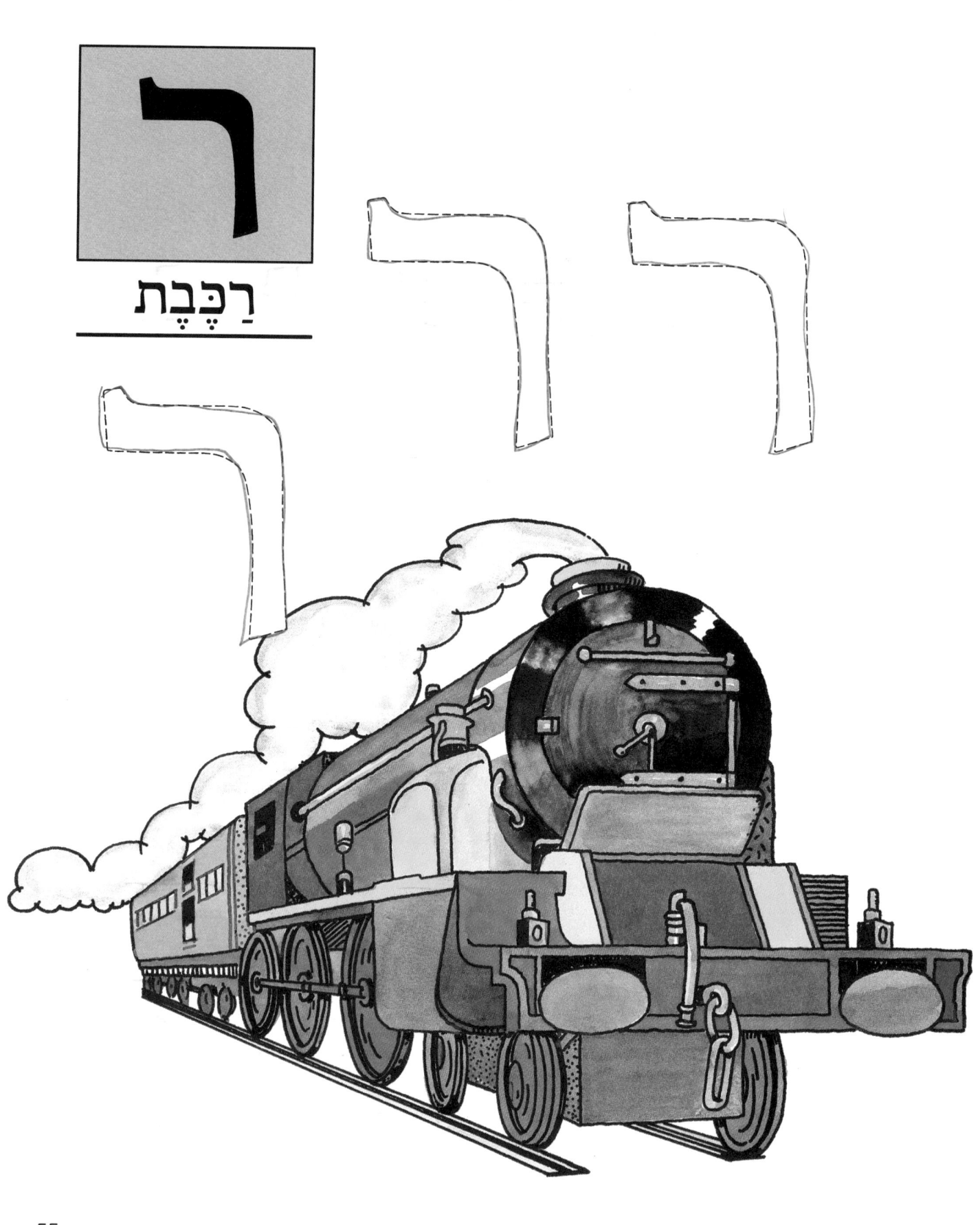

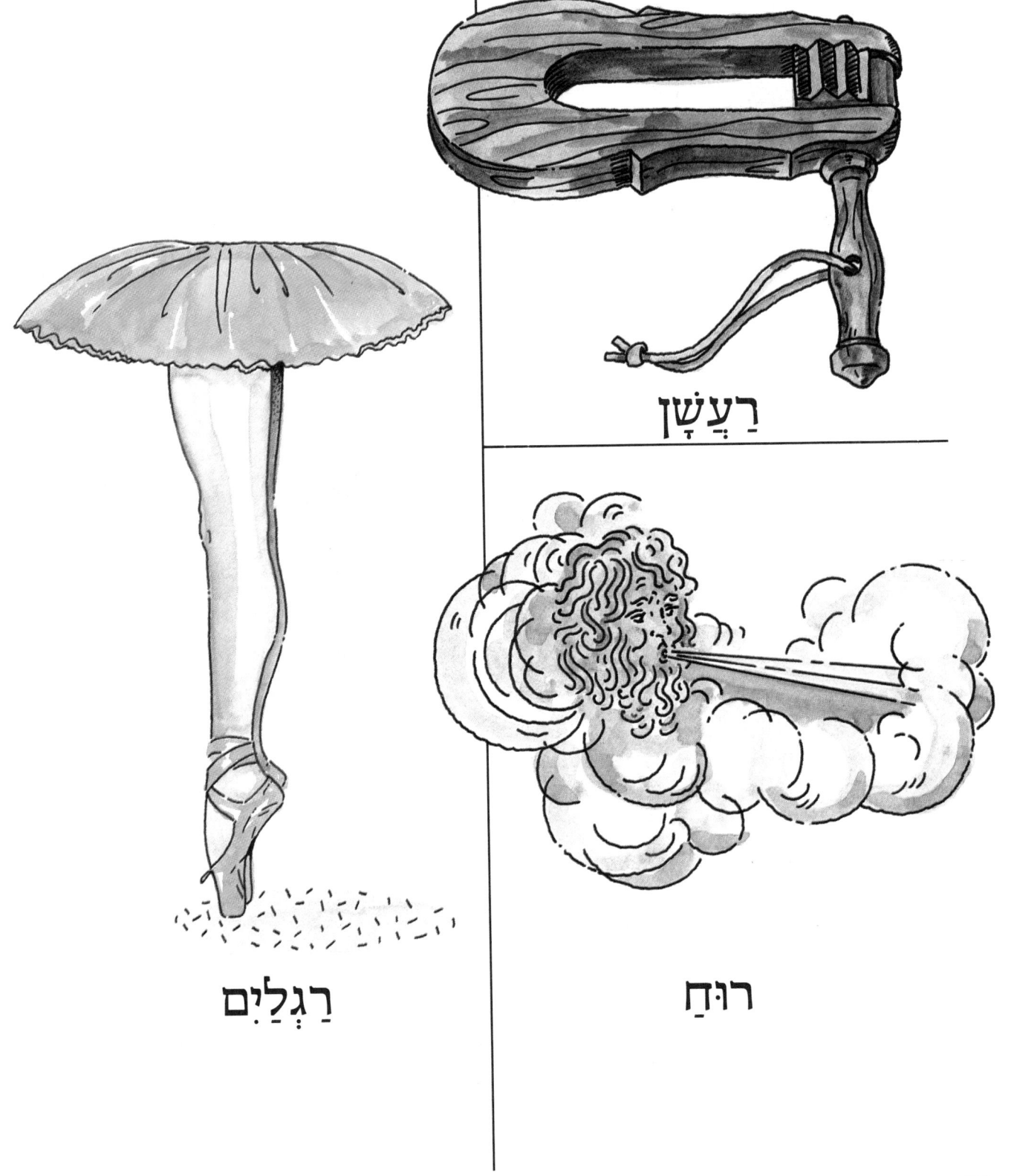

רַעֲשָׁן

רוּחַ

רַגְלַיִם

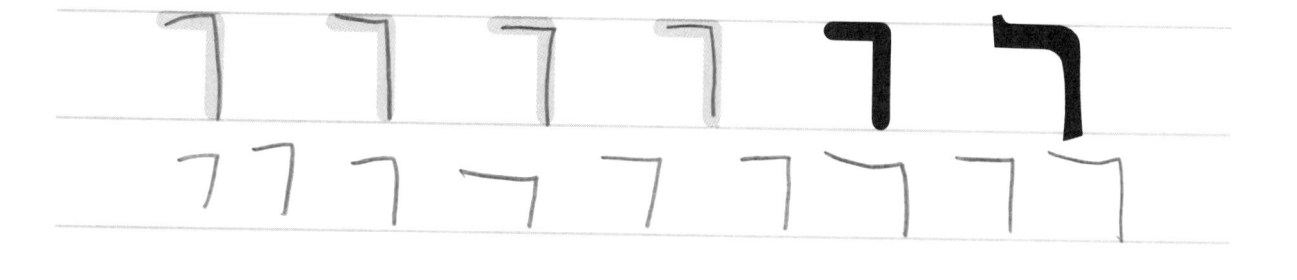

ר ר ר ר ר ר

1	ל	א	ל	ע	ל	נ
2	ר	ח	ד	ר	ו	ר
3	פּ	פּ	בּ	שׁ	פּ	תּ
4	ה	ק	ה	ח	ר	ה

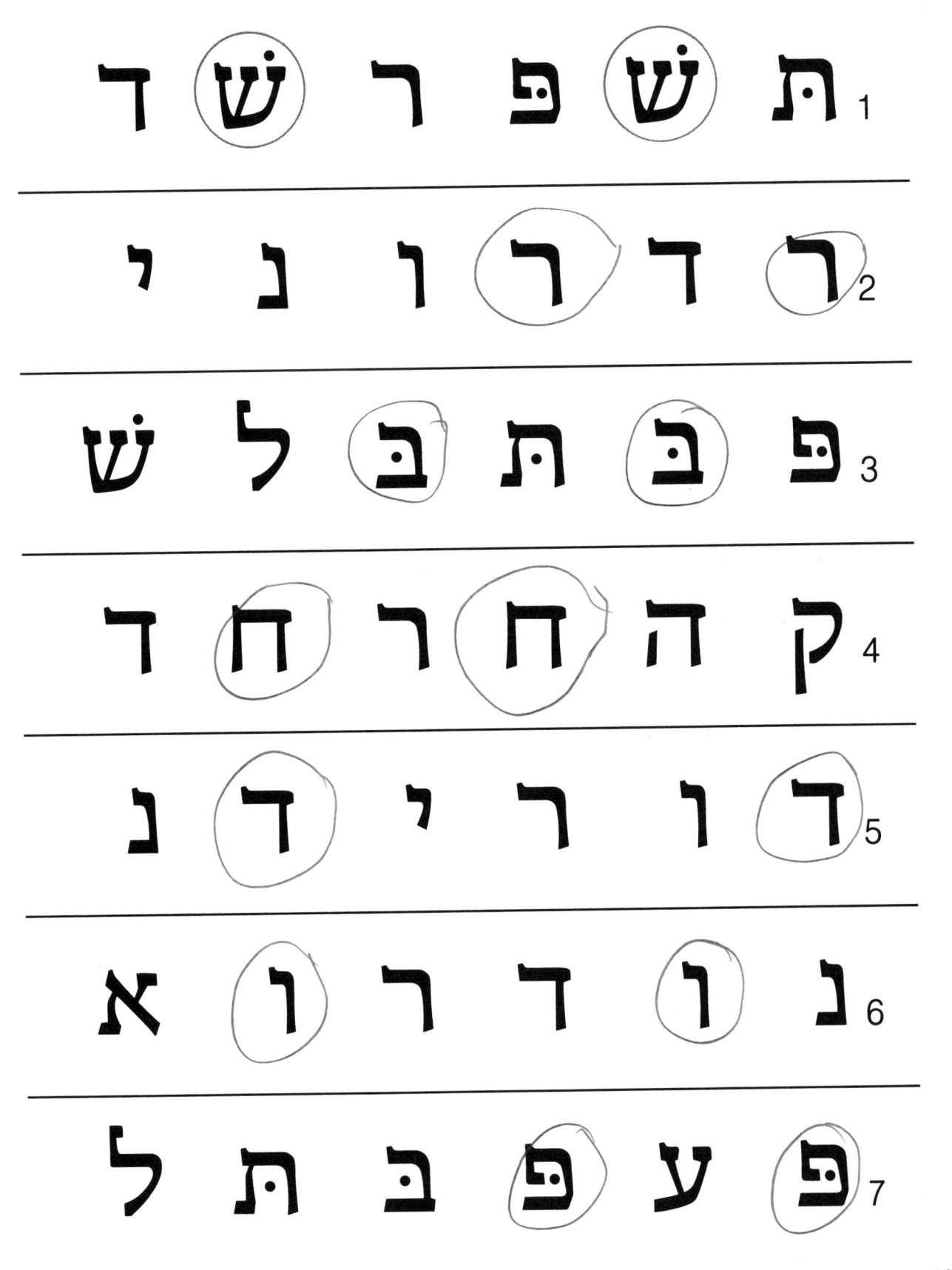

1 תּ שׁ פּ ר שׁ ד

2 ר ד ר ו נ י

3 פּ בּ תּ בּ ל שׁ

4 ק ה ח ר ח ד

5 ד ו ר י ד נ

6 נ ו ד ר ו א

7 פּ ע פּ בּ תּ ל

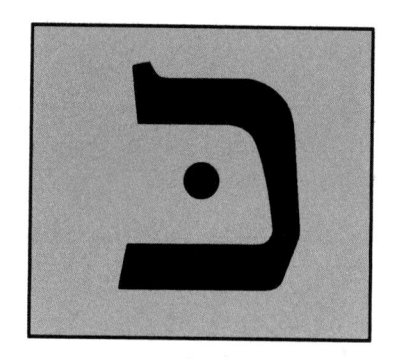

כּ

כִּפָּה

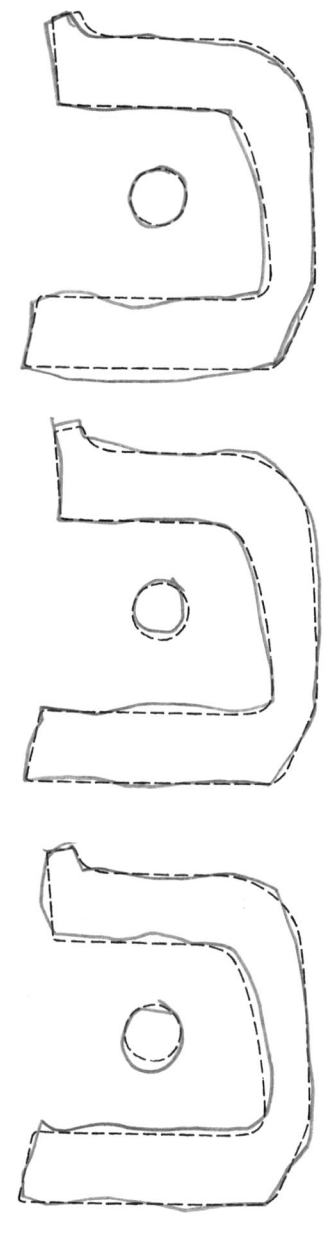

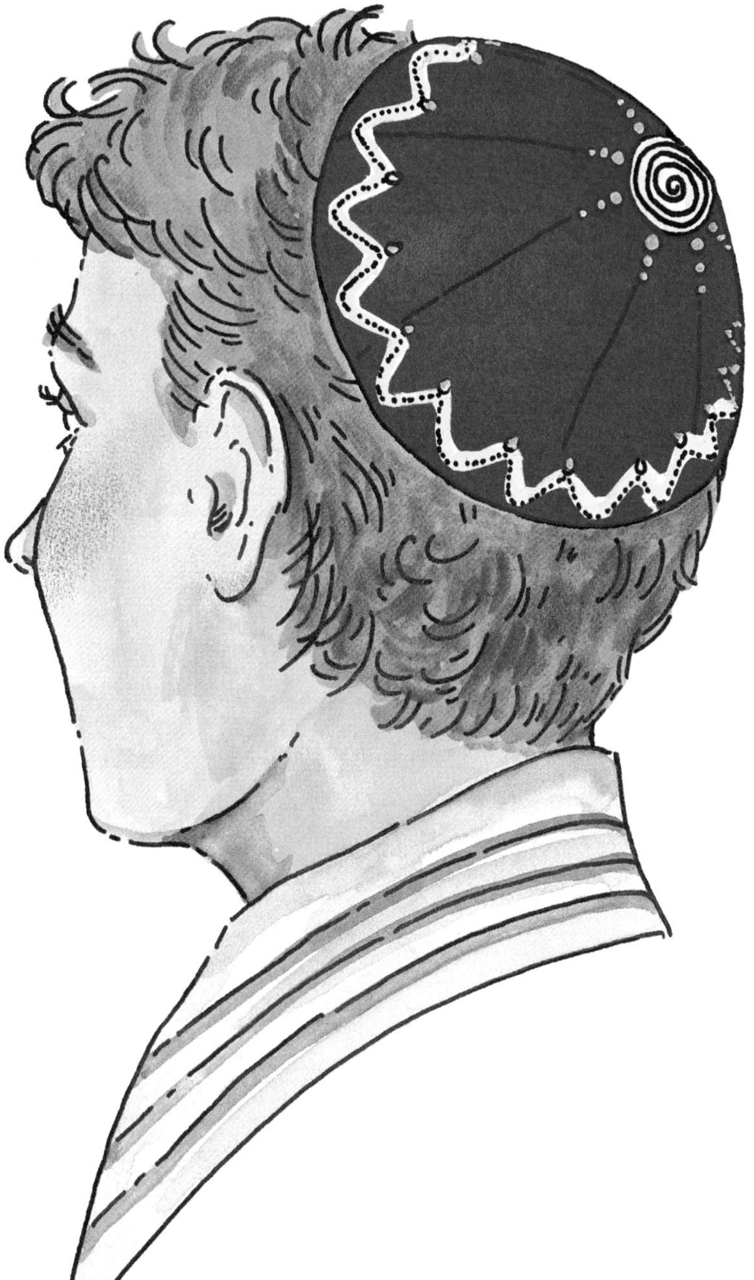

כֶּתֶר

כַּדּוּר

כִּסֵּא

כֶּלֶב

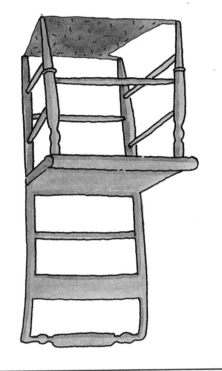

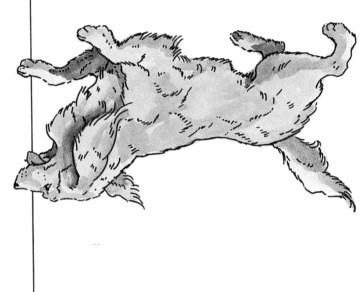

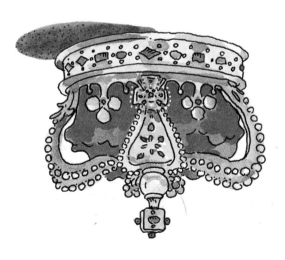

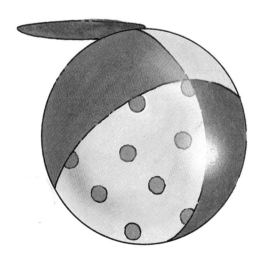

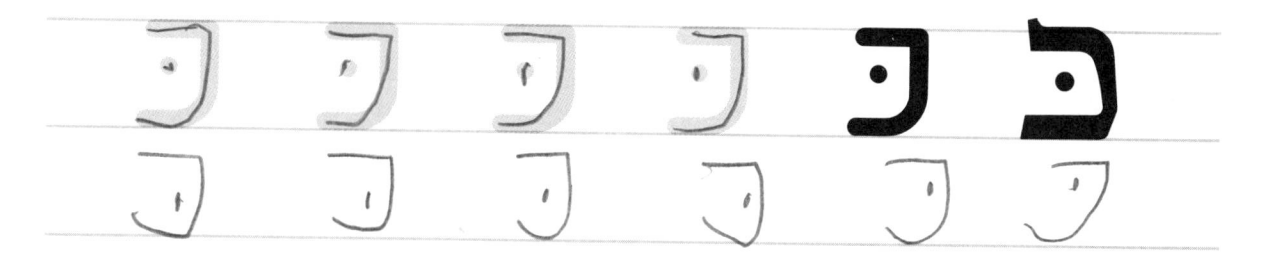

כּ כּ

1 מ מ מ מ ע מ

2 כּ כּ בּ כּ כּ כּ

3 כּ פּ פּ פּ פּ פּ

4 ד ד ד ר ד ד

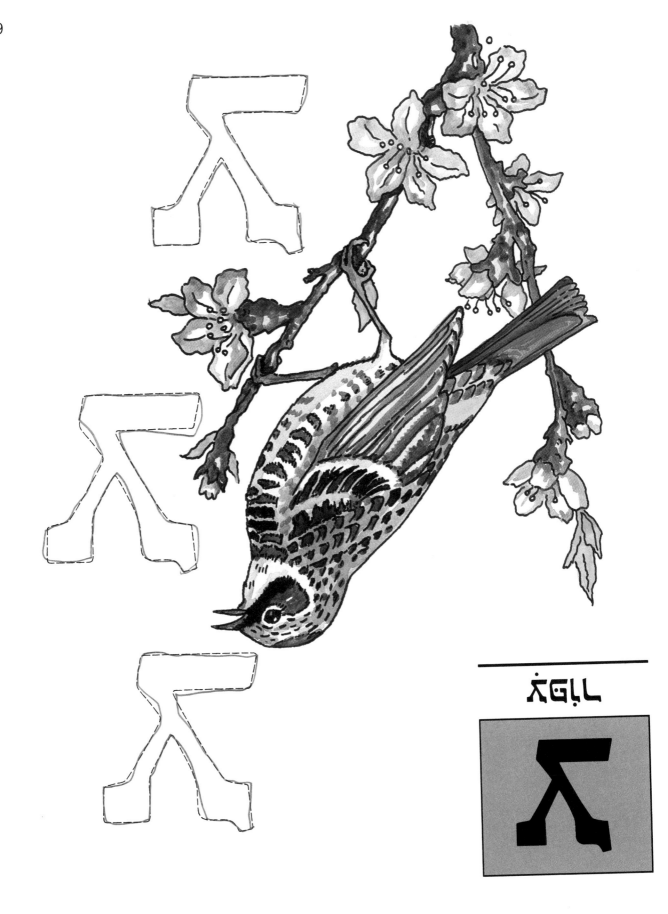

צ

צִפּוֹר

צ צ צ

צְפַרְדֵּעַ

צְבָעִים

צְדָקָה

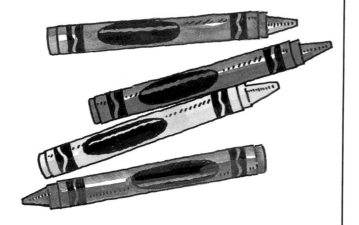

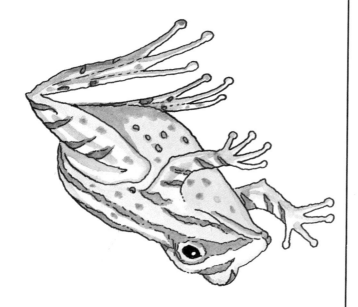

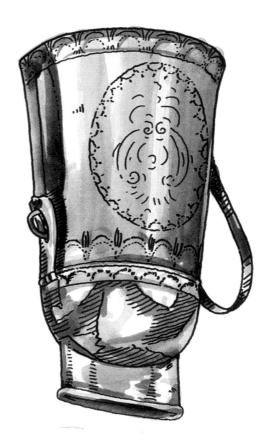

צ צ

1	ר	ד	ר	ק	ר	בּ
2	צ	מ	ע	צ	צ	א
3	ע	ע	א	צ	מ	ע
4	כּ	פּ	כּ	בּ	תּ	כּ

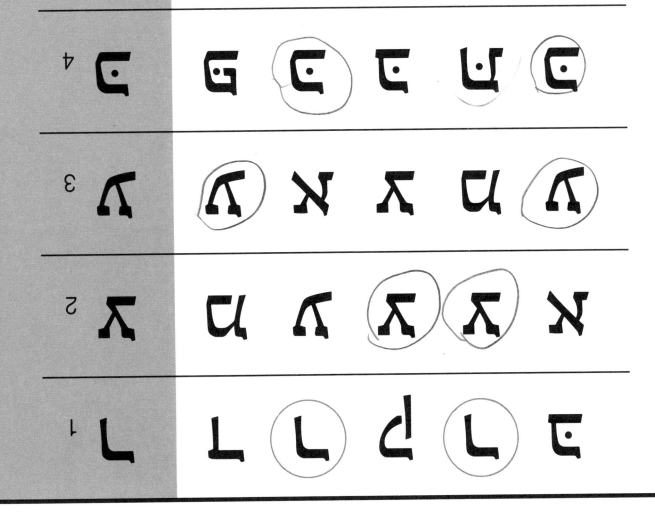

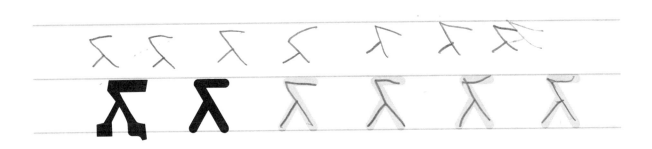

בּ פּ כּ	פּ	צ ע מ	צ
ק א ל	ל	כּ בּ תּ	כּ
פּ שׁ בּ	בּ	ד ר ו	ד

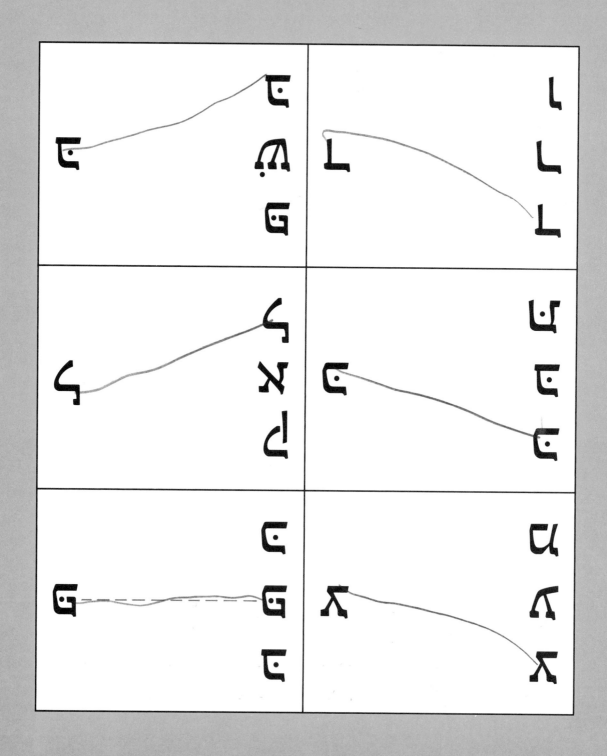

סֻכָּה

ס

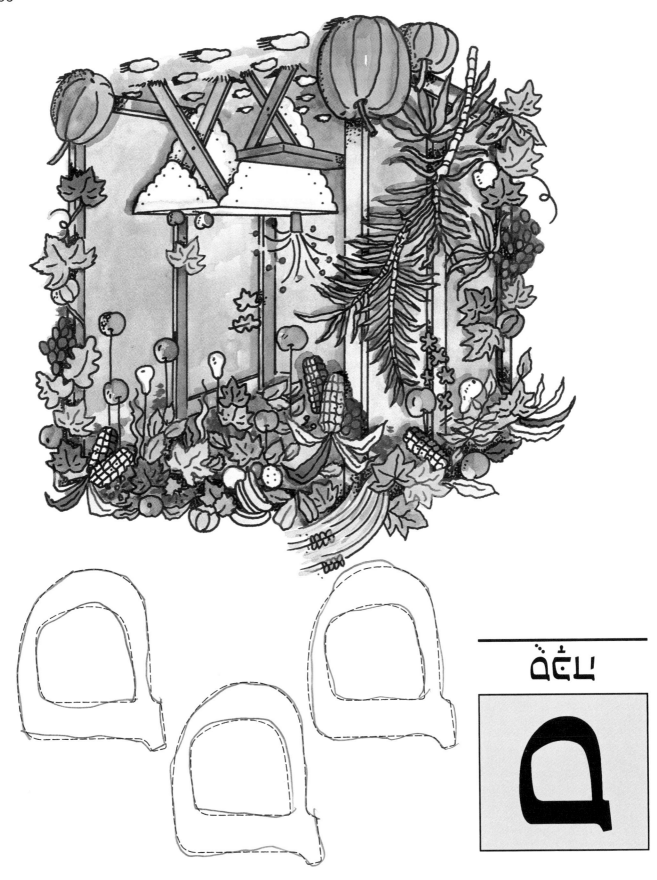

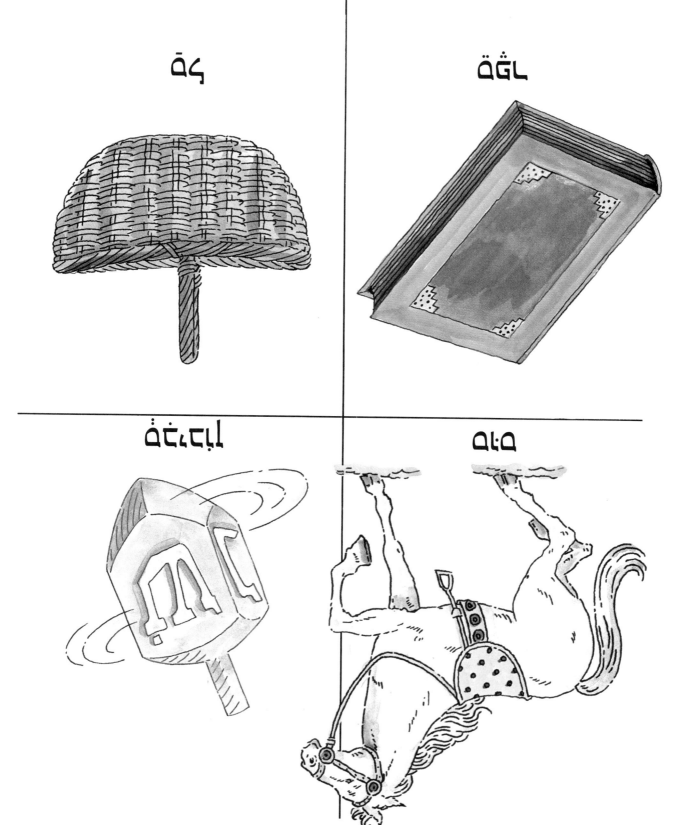

סְבִיבוֹן

סוּס

סַל

סֵפֶר

ס ס

1 ה ה ה ה ח ה

2 ס ס מ ס ס ס

3 ע ע ע צ ע ע

4 כּ בּ כּ כּ כּ כּ

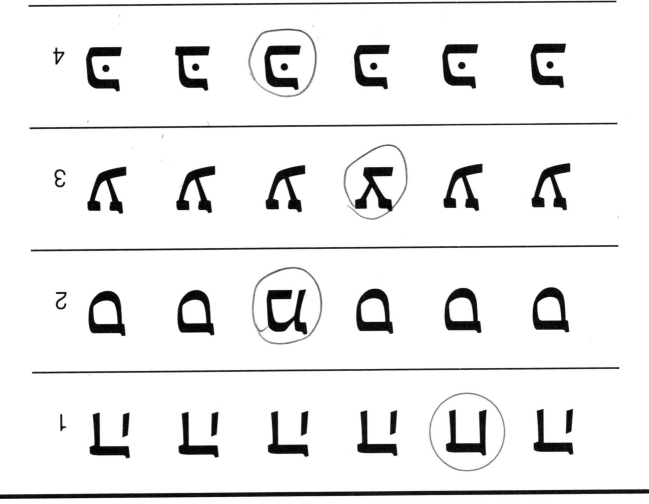

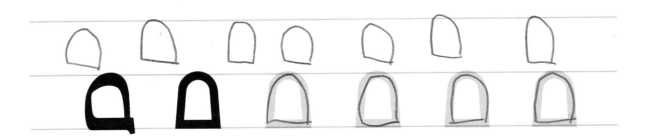

1	א	ע א צ מ א
2	ס	מ ס ש ס ע
3	צ	צ ע צ ק מ
4	ד	ר ד ד ו ח
5	פּ	כּ פּ בּ פּ שׁ
6	נ	י ד ו נ נ
7	תּ	פּ תּ בּ שׁ תּ

שׁ

שִׂמְחַת תּוֹרָה

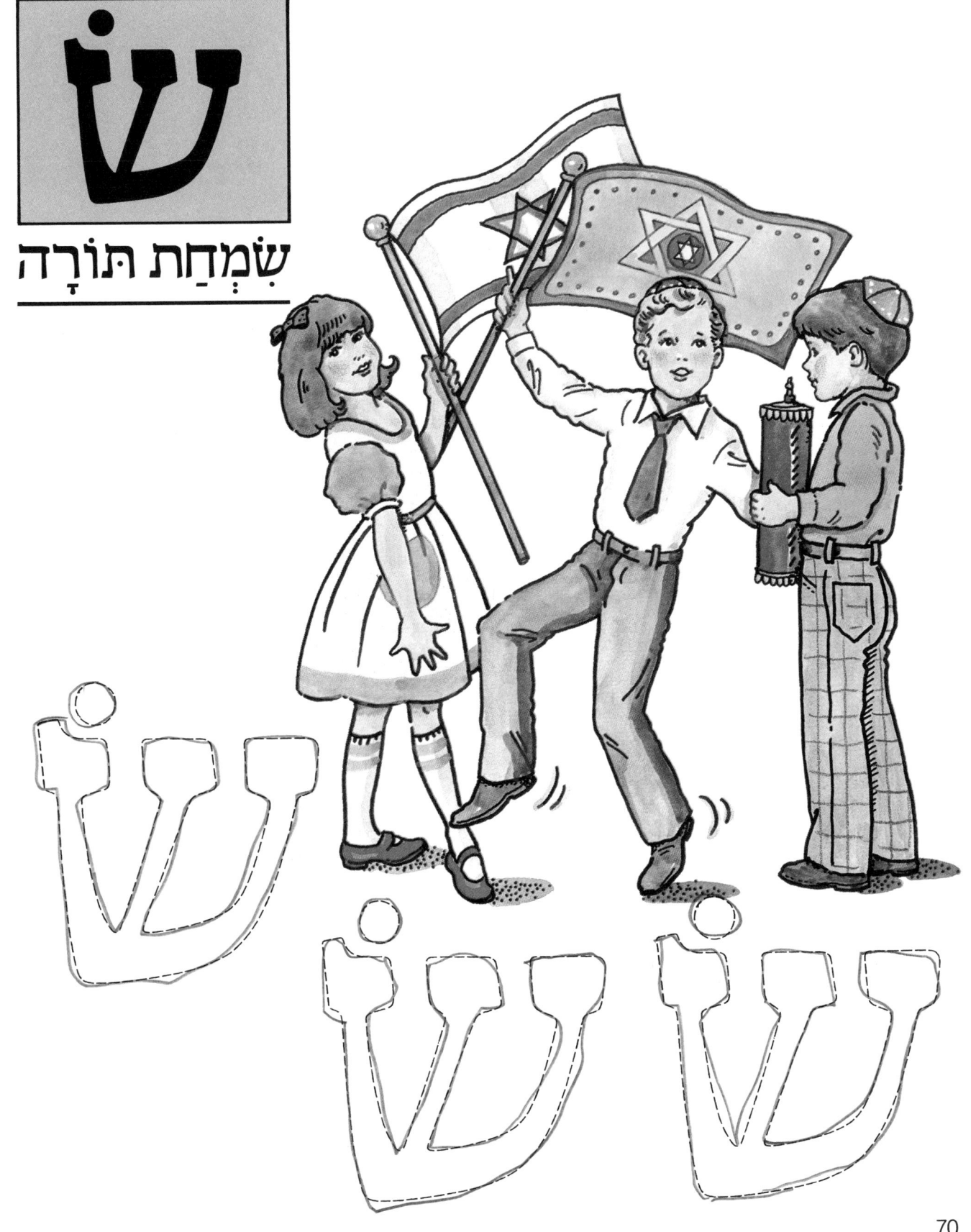

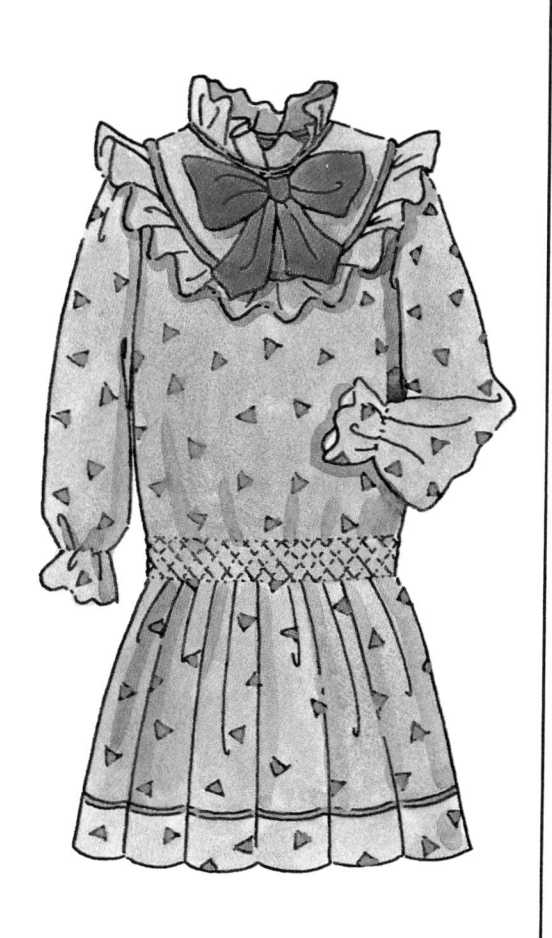

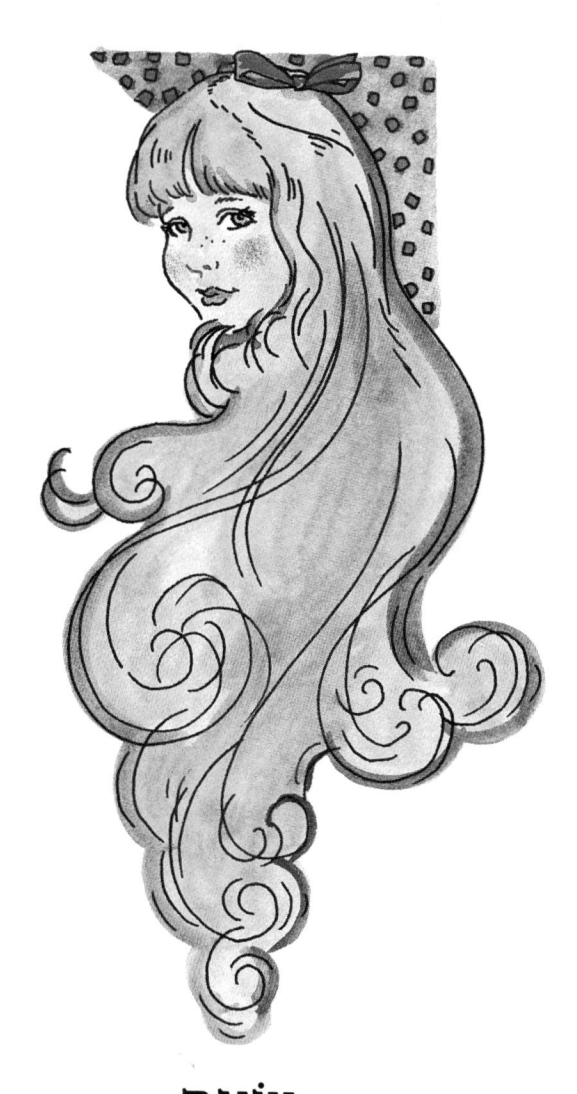

שֵׂעָר

שִׂמְלָה

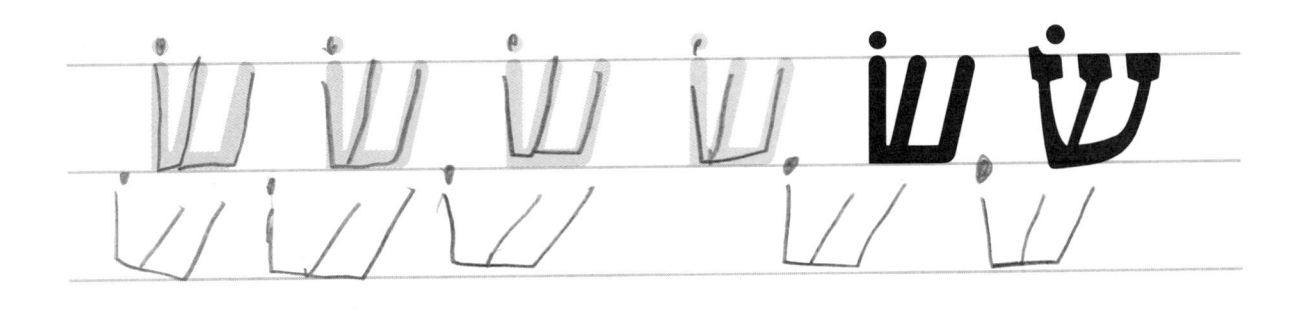

שׁ שׁ

1 כּ בּ כּ תּ פּ שׁ

2 שׁ שׁ ל שׁ בּ א

3 ו ק ר ד ר י

4 ח צ ה ע מ ח

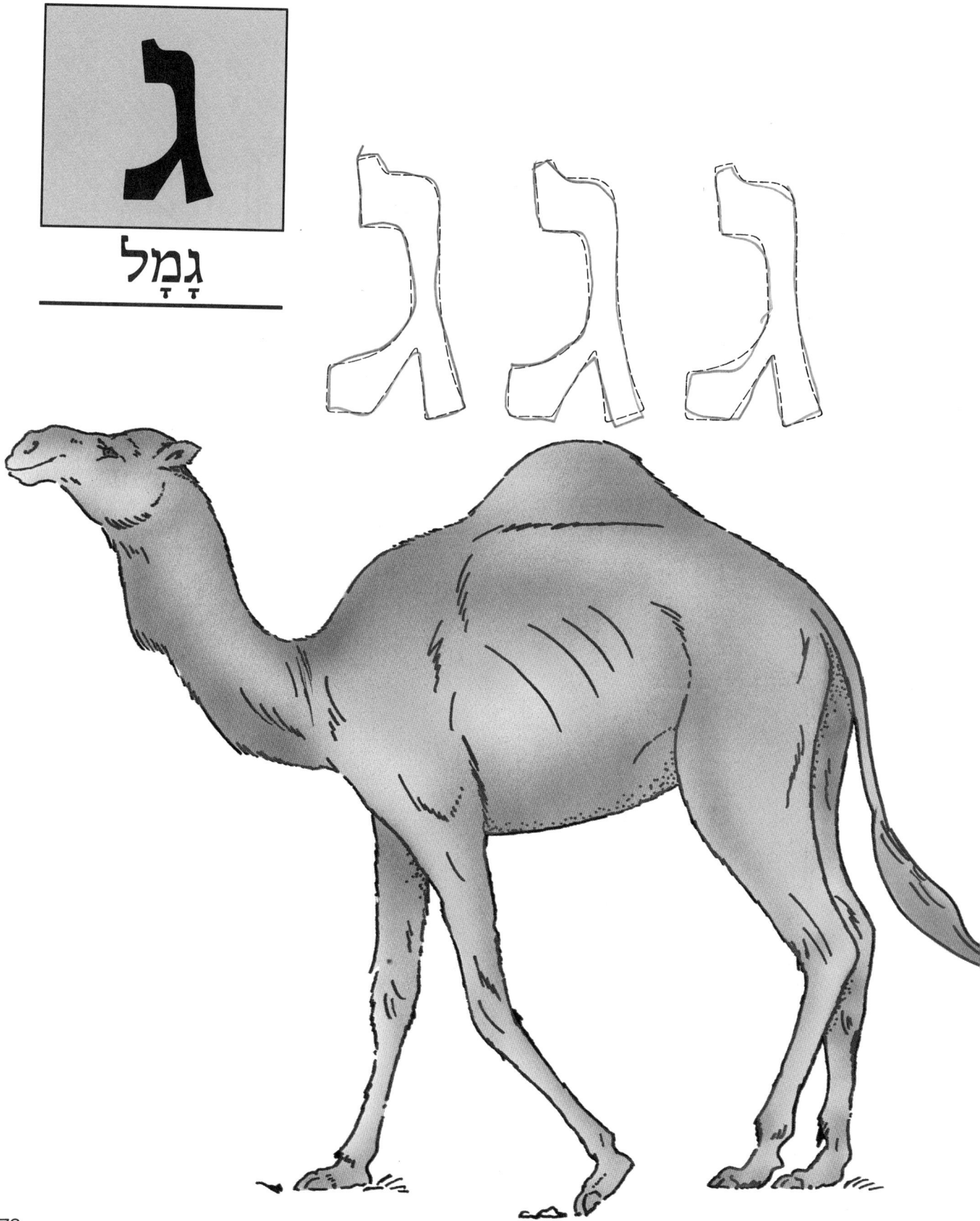

ג

גָמָל

ג ג ג

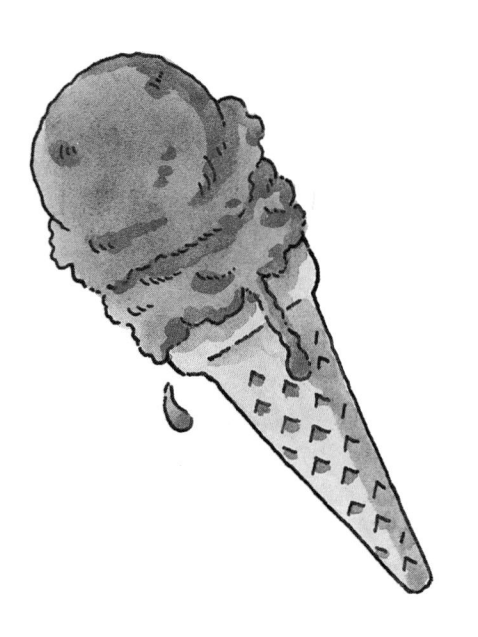

גַּלְגַּל

גְּלִידָה

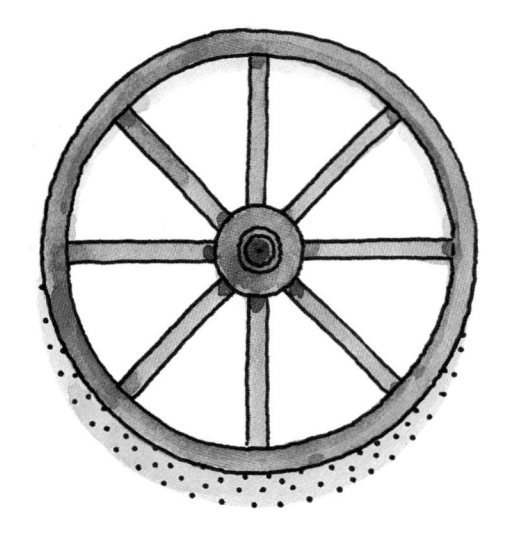

גֶּזֶר

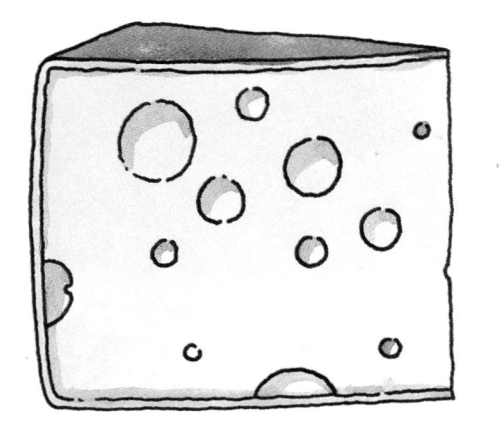

גְּבִינָה

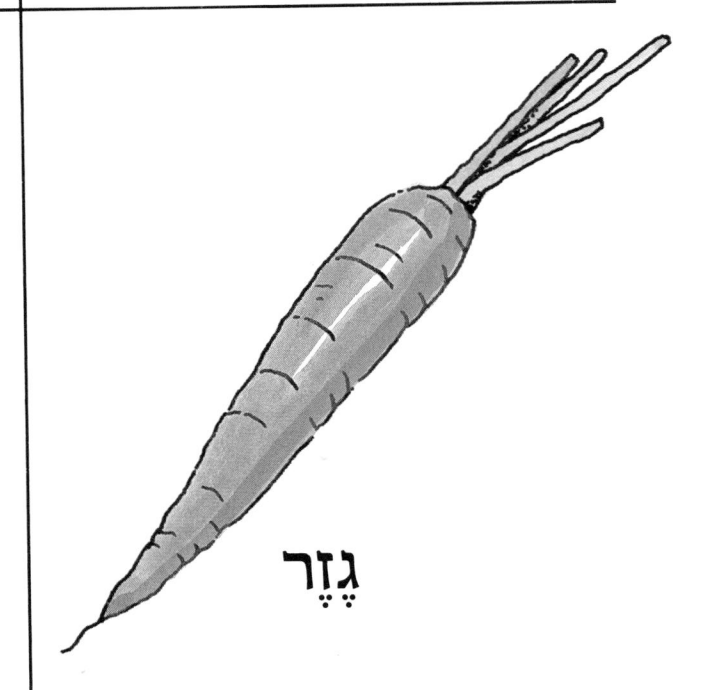

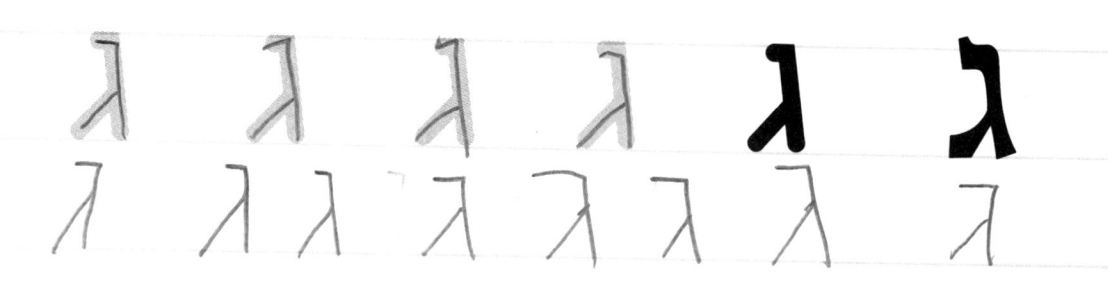

ג ג ג ג ג ג

1	בּ	כּ	בּ	תּ	פּ	בּ
2	ג	נ	ג	ו	ג	ק
3	ע	ע	צ	ע	מ	א
4	ד	י	ו	ד	ר	ד

1 ס ס ס מ ס ס

2 ג ג נ ג ג ג

3 צ ע צ צ צ צ

4 פּ פּ פּ פּ כּ פּ

5 ד ד ד ר ד ד

6 ח ה ח ח ח ח

7 שׁ שׁ שׁ שׁ שׁ שׁ

ט

טַלִּית

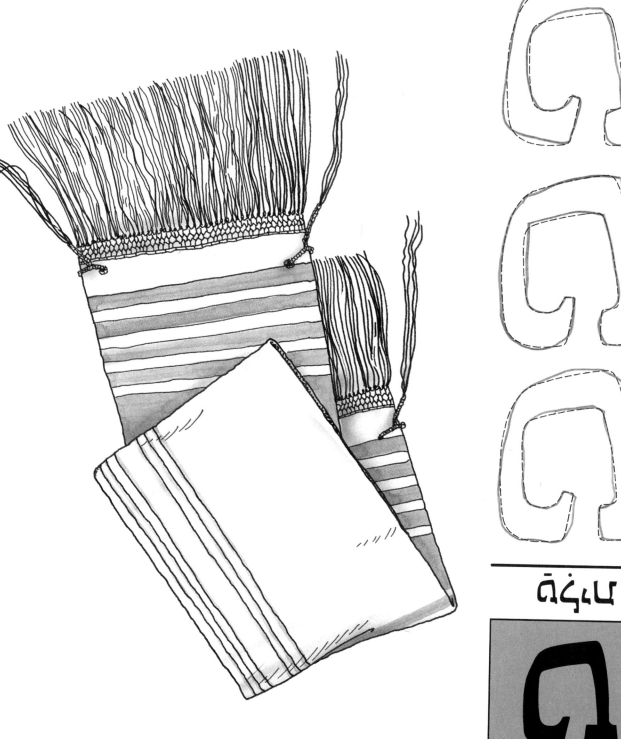

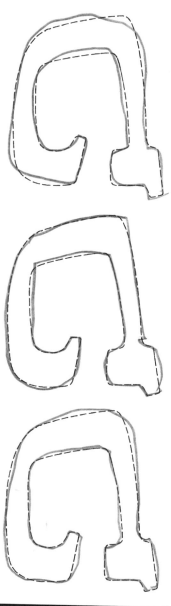

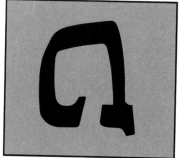

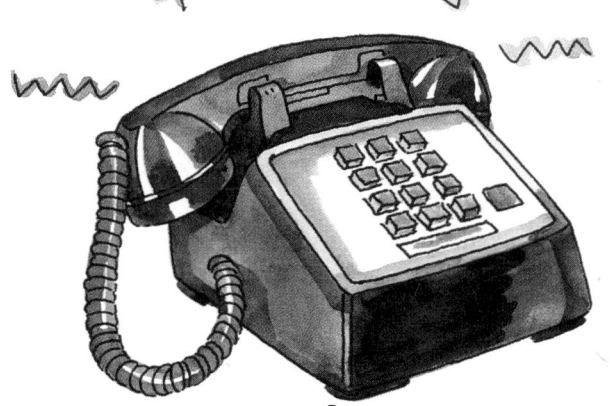

טֶלֶפוֹן

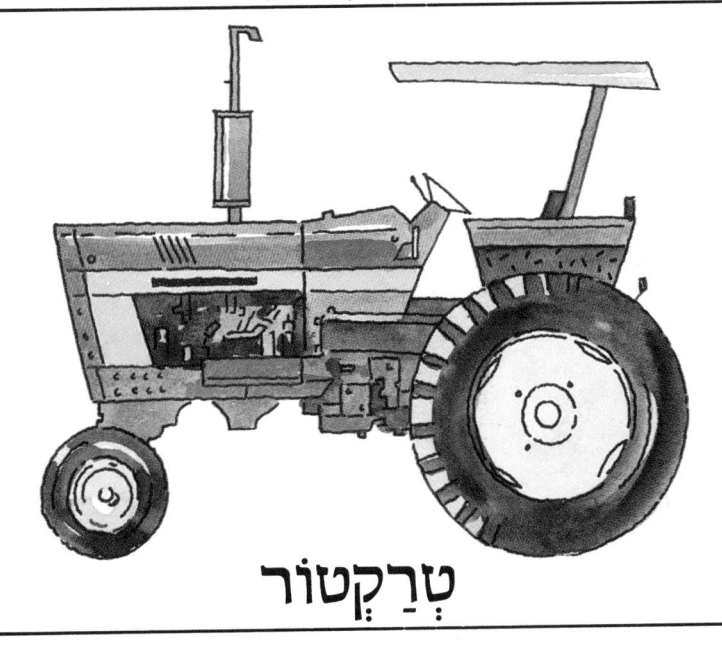

טְרַקְטוֹר

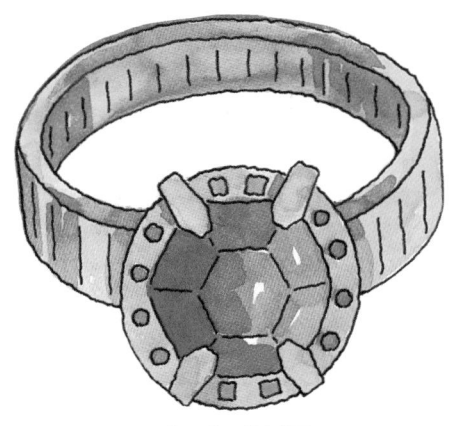

טַבַּעַת

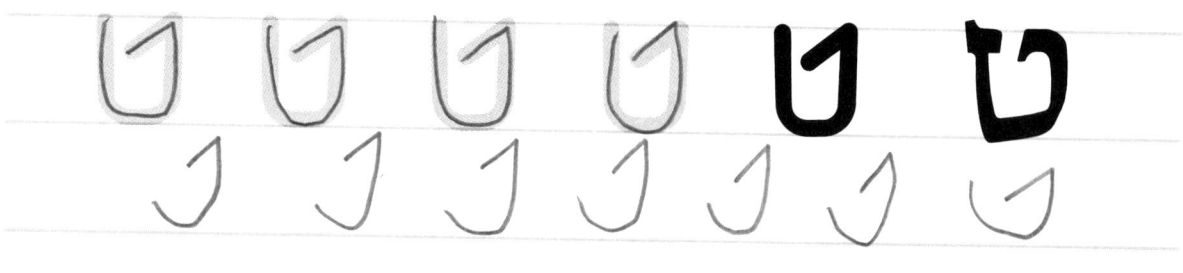

ט ט

1	ג	ו	ג	נ	ג	ל
2	ט	ט	מ	ט	א	תּ
3	ע	ח	ע	ד	צ	ע
4	שׂ	בּ	שׂ	שׁ	שׂ	ט

שׁ	(תּ)	בּ	ט	(תּ)	פּ 1

מ	ל	(צ)	א	(צ)	ע 2

ד	ר	(ג)	נ	(ג)	ו 3

שׁ	בּ	(כּ)	ו	(כּ)	פּ 4

תּ	א	ק	(שׁ)	(שׁ)	(שׁ) 5

(ט)	ע	מ	ס	ק	(ט) 6

ח	(ה)	ר	י	(ח)	ד 7

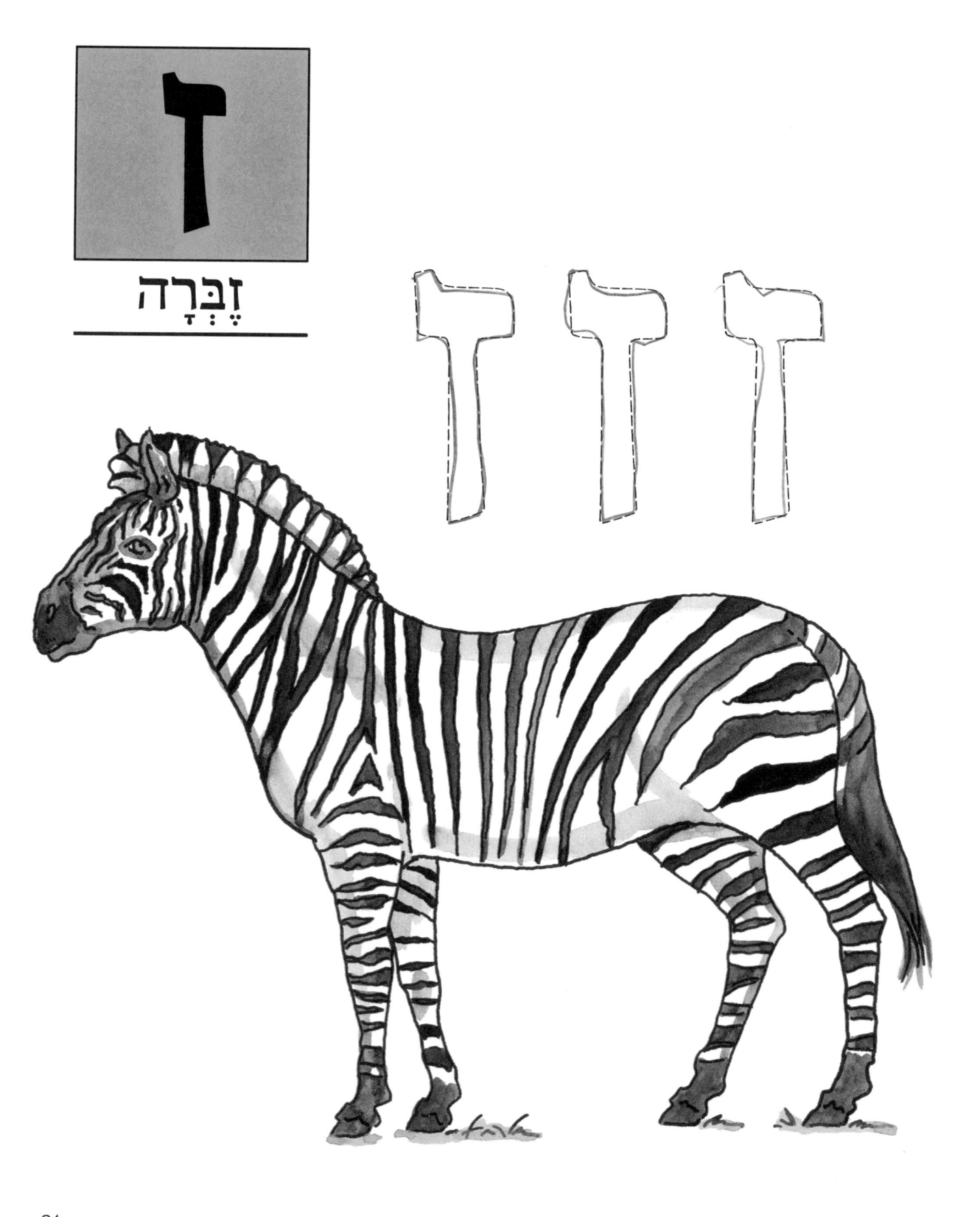

ז

זֶבְּרָה

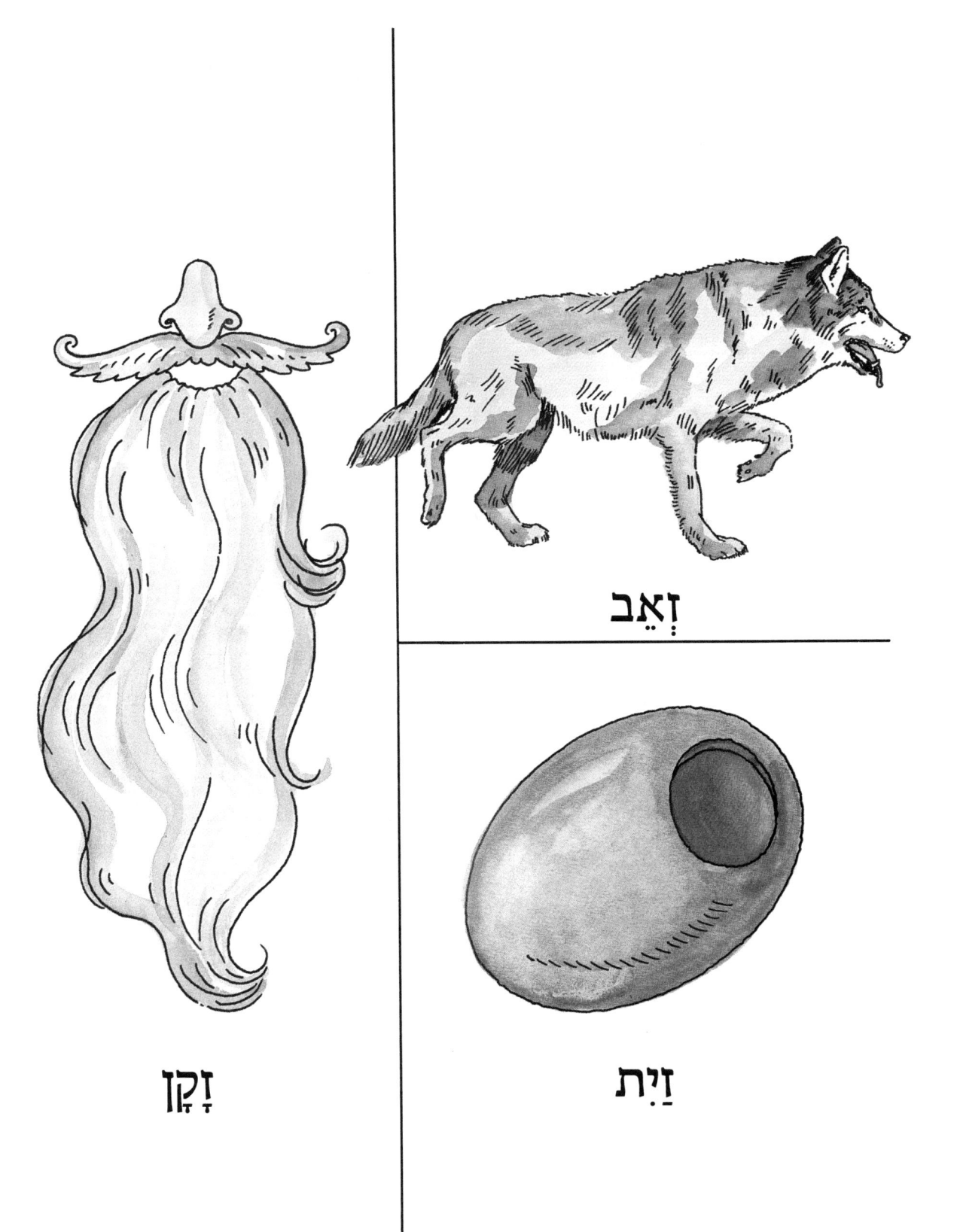

זְאֵב

זַיִת

זָקָן

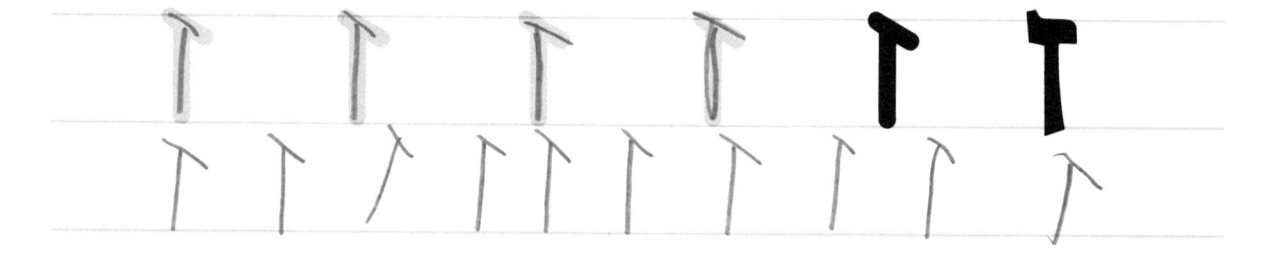

ז ז

1 בּ בּ בּ כּ בּ בּ

2 ז ז ו ז ז ז

3 שׁ שׁ שׁ שׁ שׁ שׁ

4 ר ר ר ר ד ר

א	בּ	ב	ג
אָלֶף	בֵּית	בֵית	גִמֶל
ד	ה	ו	ז
דָלֶת	הֵא	וָו	זַיִן
ח	ט	י	
חֵית	טֵית	יוֹד	
כּ	כ ך	ל	
כַּף	כַף	לָמֶד	

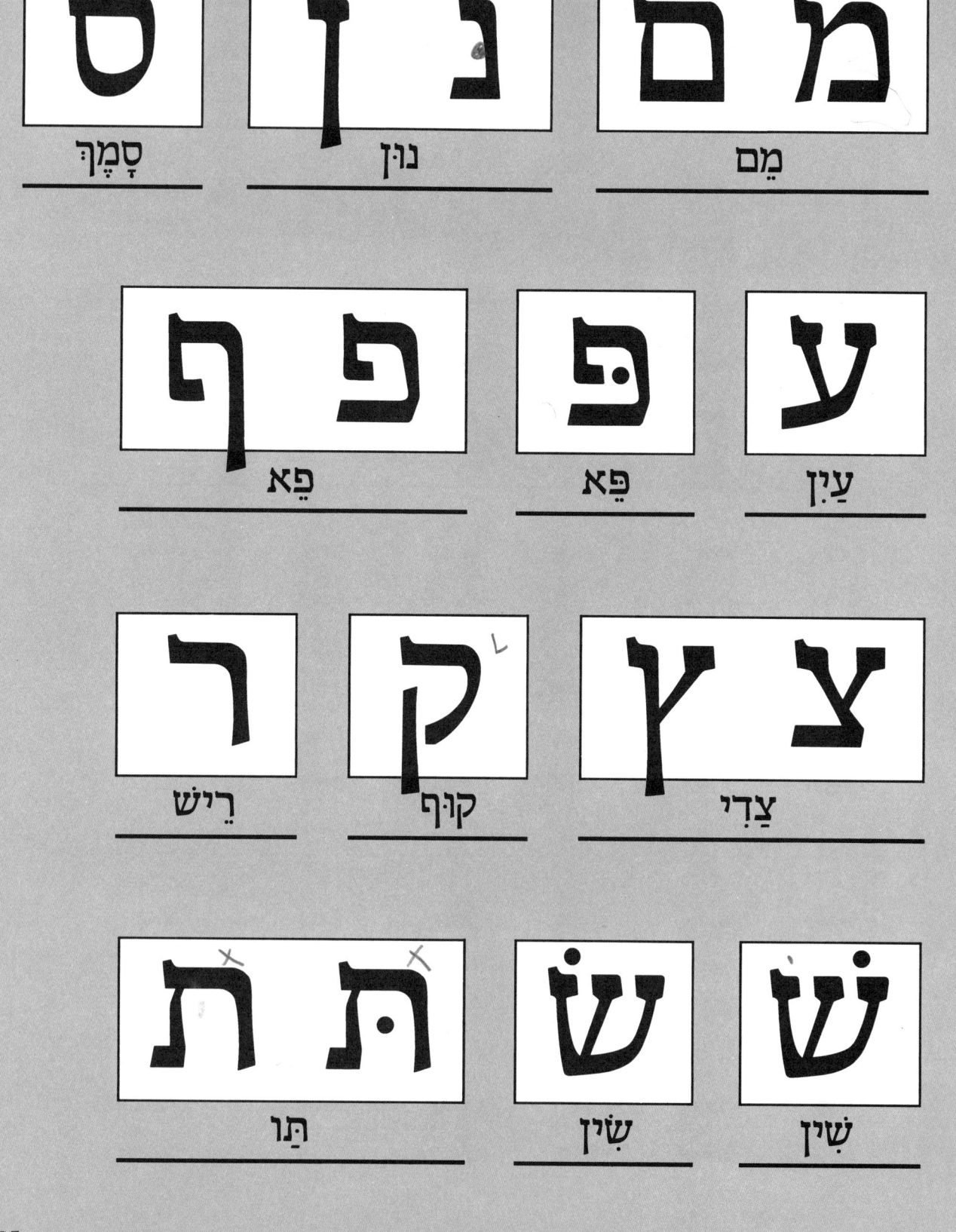

מ ם מֵם	נ ן נוּן	ס סָמֶךְ
ע עַיִן	פּ פֵּא	פ ף פֵא
צ ץ צַדִי	ק קוּף	ר רֵישׁ
שׁ שִׁין	שׂ שִׂין	תּ ת תַּו

בּ-ב תּ-ת

פּ-פ כּ-כ

1 ב ב כ תּ ב פ

2 ת ב ת ה ח ת

3 פ כ פ פ מ ב

4 כ ב כ נ כ ר

5 ב ד ב פ כ ב

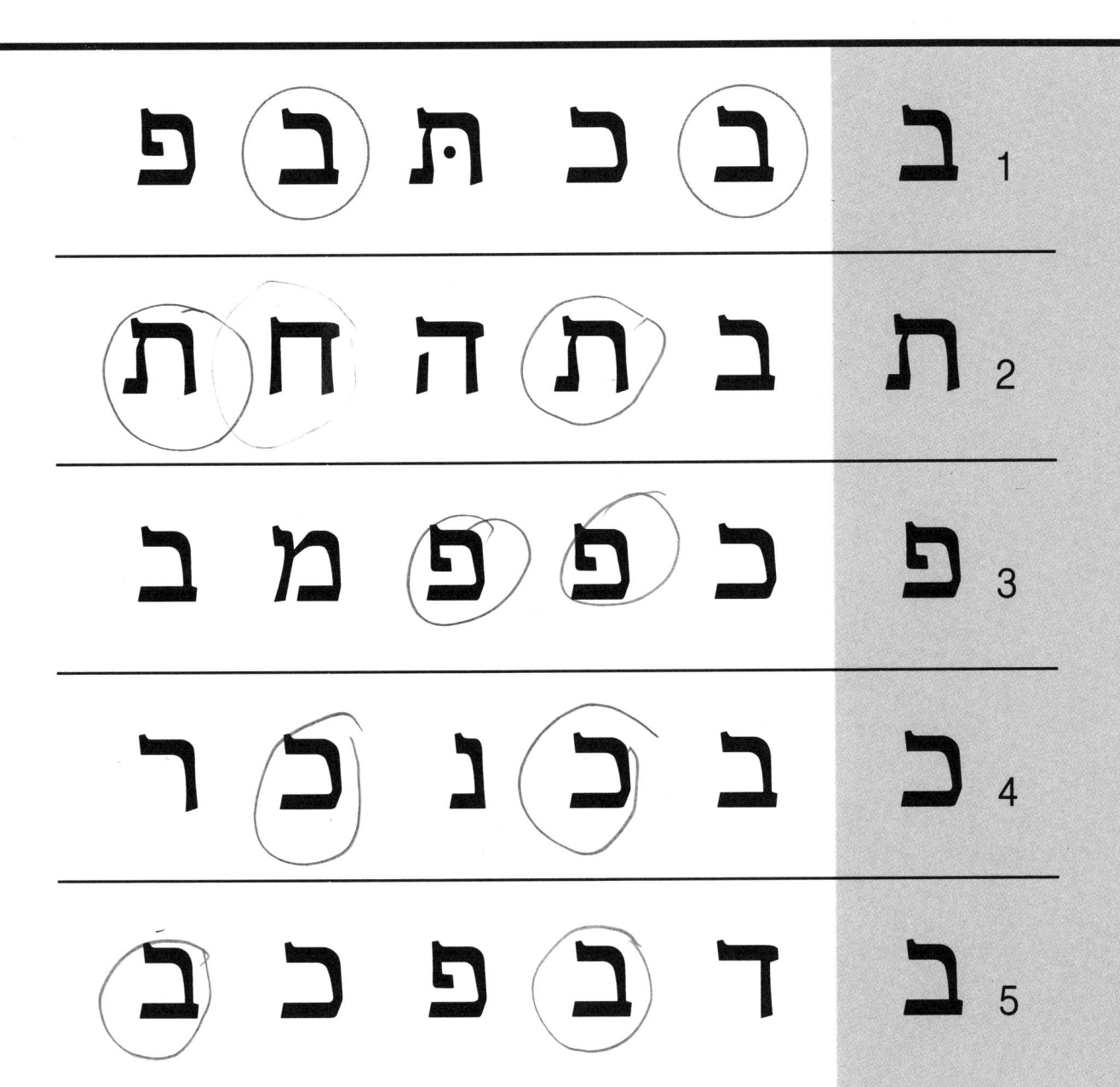

ת		ח	
כ	ב	ה	ח
ב		ת	
כ		ת	
ד	ד	ח	ת
ר		ה	
פ		פ	
כ	פ	ב	כ
ס		כ	

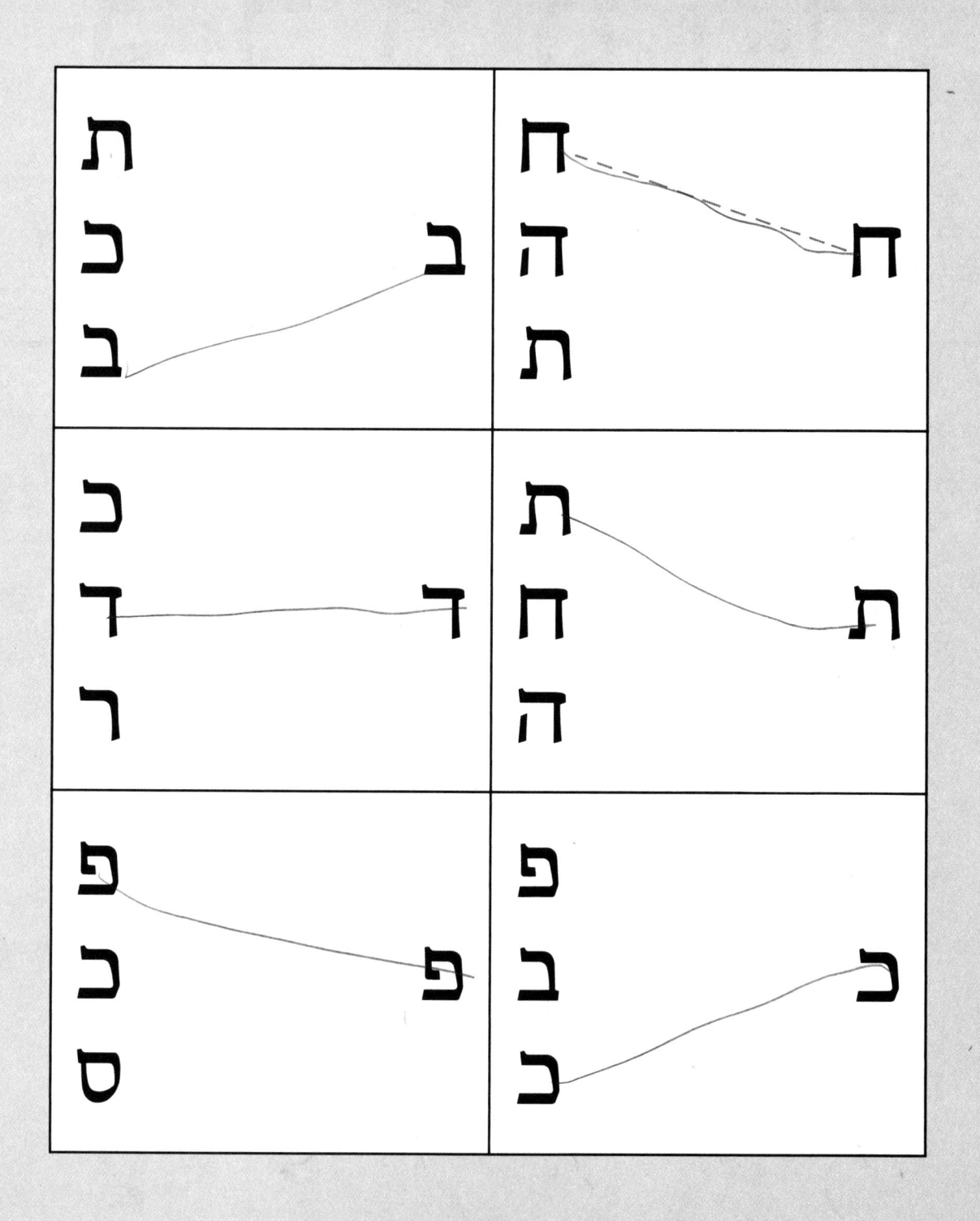

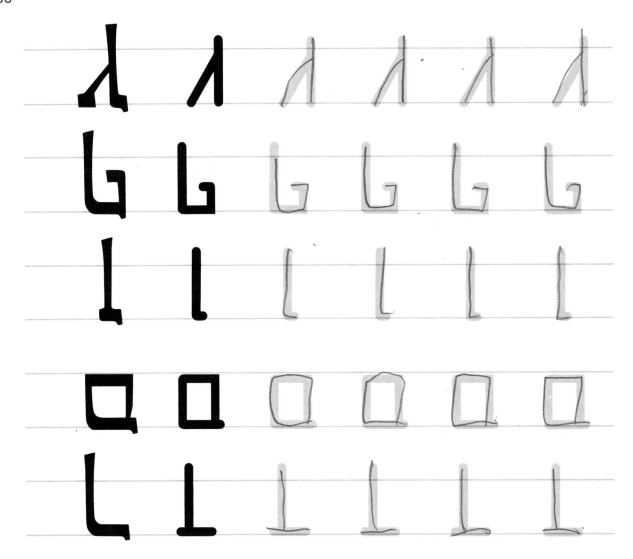

כ-ך מ-ם נ-ן

פ-ף צ-ץ

ך ך ך ך ך ך

ם ם ם ם ם ם

ן ן ן ן ן ן

ף ף ף ף ף ף

ץ ץ ץ ץ ץ ץ

ך ץ ף כ
ך ץ ן נ
ן ם ך מ
ף ץ ם פ
ץ ף ם צ
ף ץ ך כ

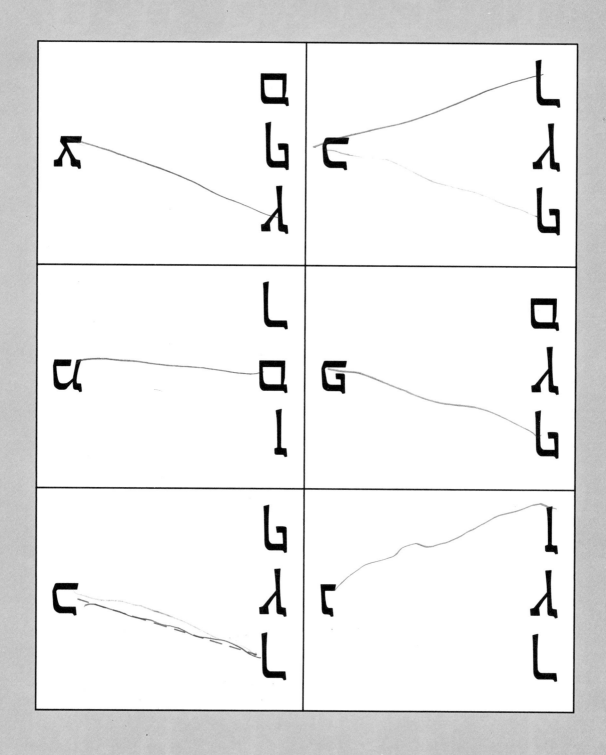

1	ך	ך	ן	ך	ף	ד
2	ם	ס	ם	ב	ם	ר
3	ץ	ע	ץ	ף	ן	ץ
4	ך	ן	ד	ך	ף	ך
5	ף	ף	ך	ן	ף	ק
6	ן	ן	י	ו	ך	ן
7	ם	ב	כ	ם	ס	ם

א

ב

ג

ד

ה

ו

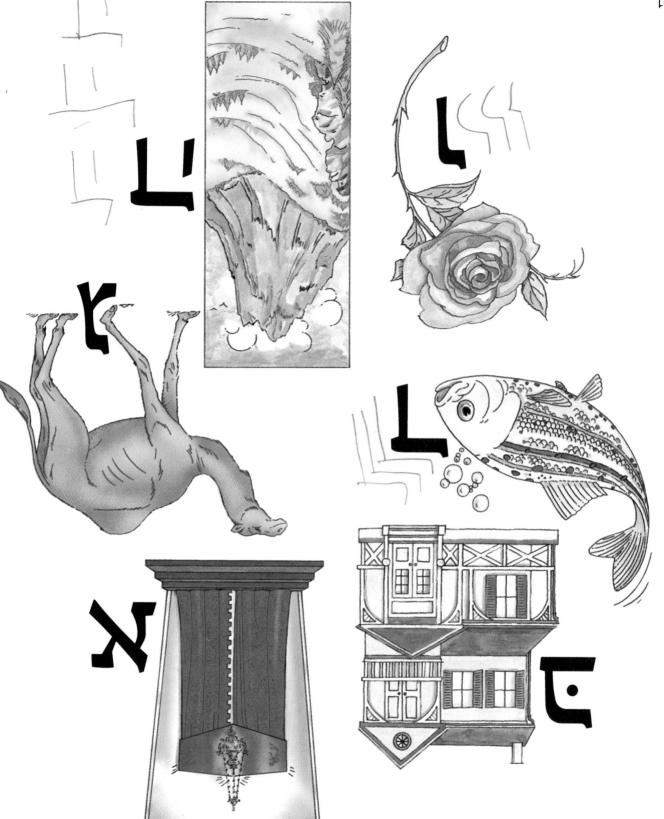

ז

ח

ט

י

כּ

ל

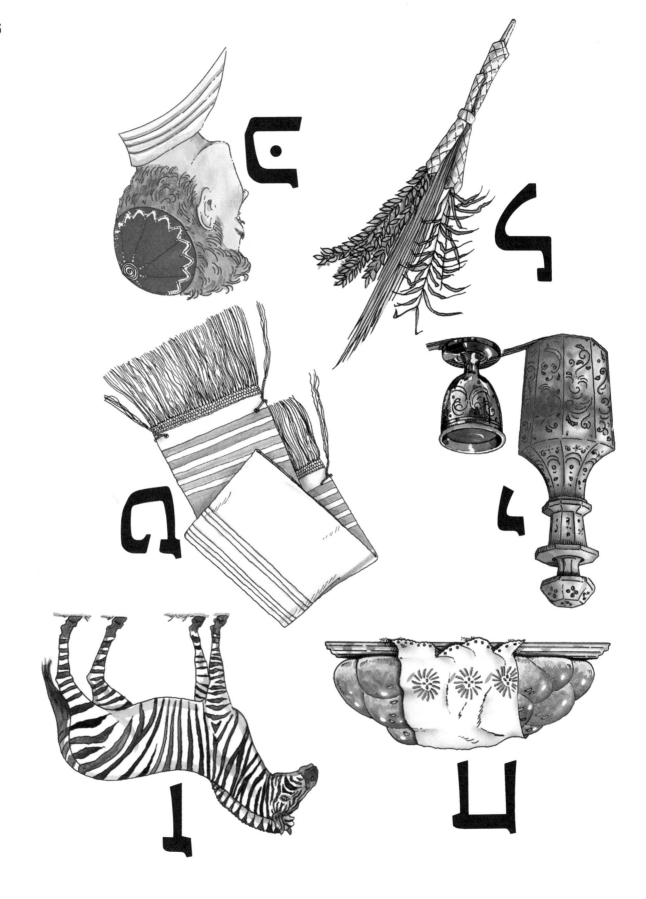

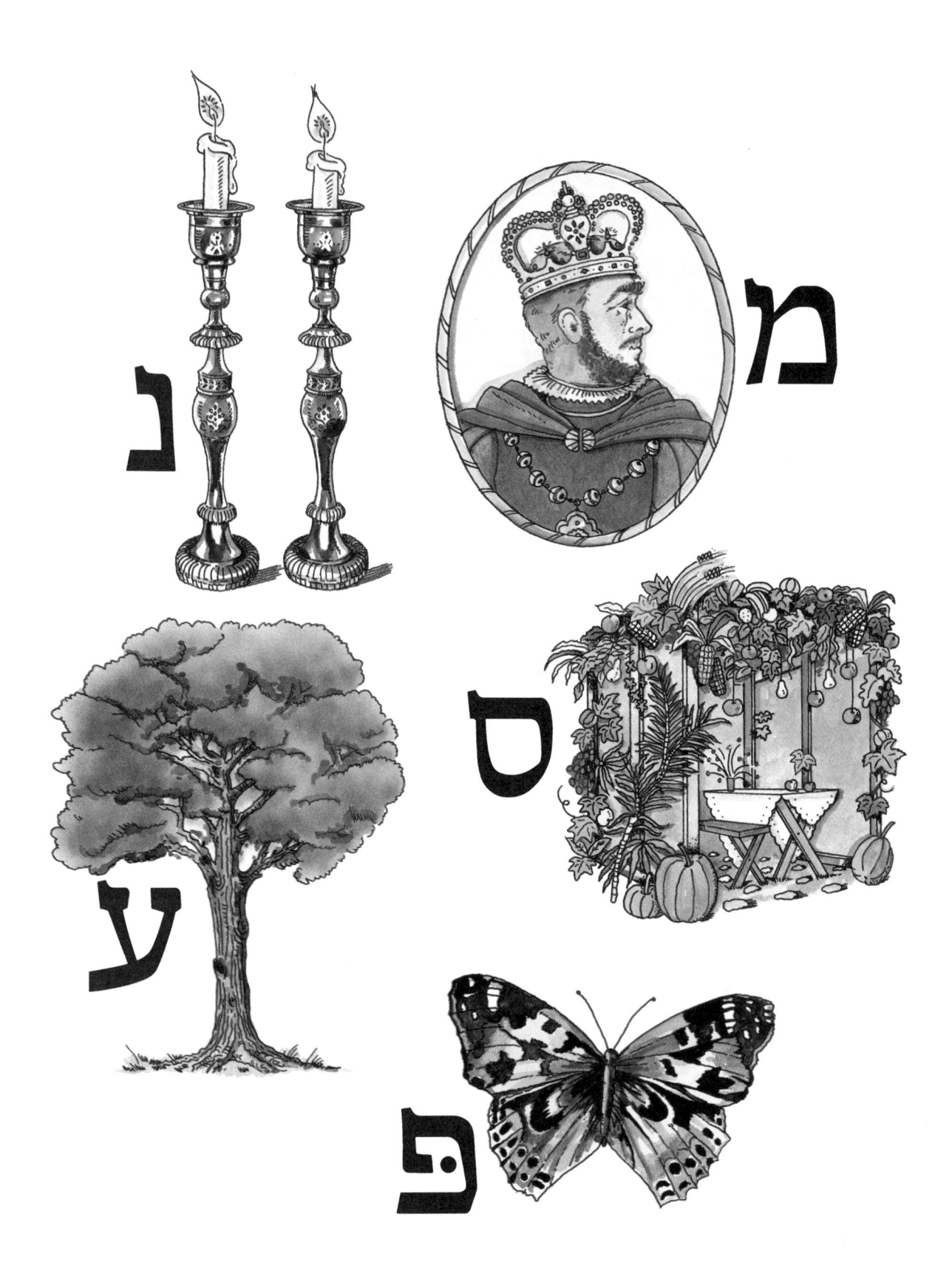

מ

נ

ס

ע

פ

צ

ק

ר

שׁ

שׂ

תּ

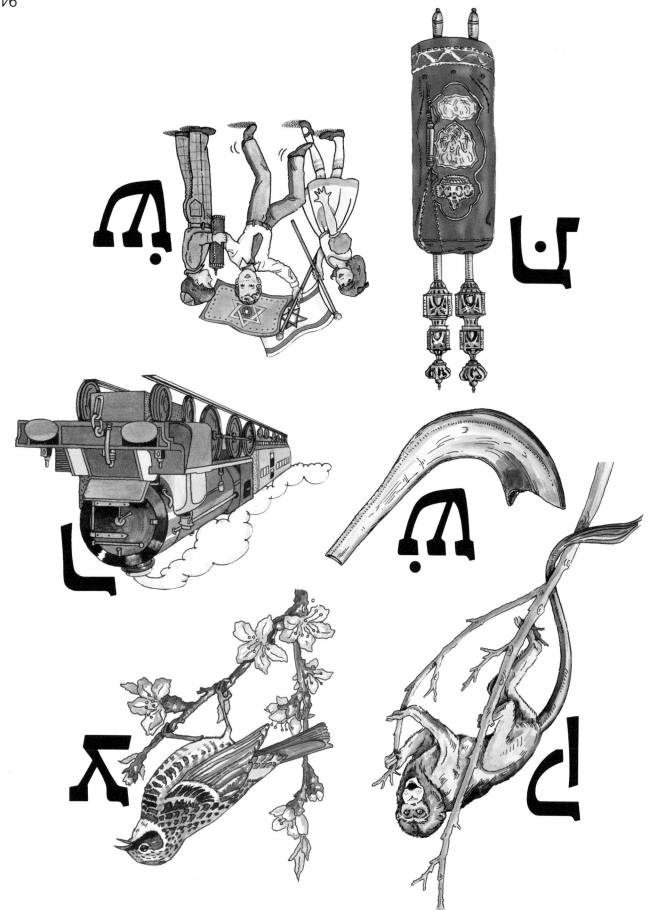

1 אַחַת

2 שְׁתַּיִם

3 שָׁלֹשׁ

4 אַרְבַּע

5 חָמֵשׁ

6 שֵׁשׁ

7 שֶׁבַע

8 שְׁמוֹנֶה

9 תֵּשַׁע

10 עֶשֶׂר

אָדוֹם
כָּחוֹל
יָרוֹק
כָּתוֹם
צָהוֹב
שָׁחוֹר
לָבָן
וָרוֹד
סָגוֹל
חוּם

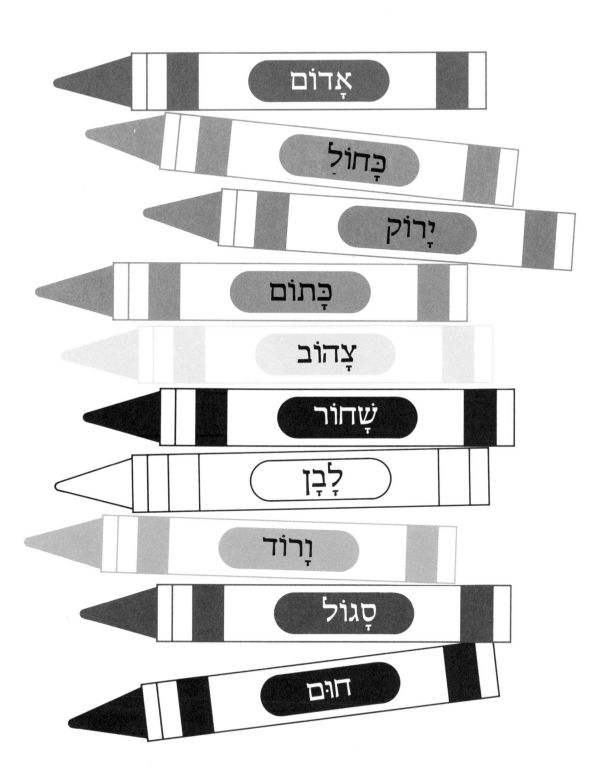